H comme Haine
L'apprentissage de la délinquance

Raymond Rainart

H comme Haine
L'apprentissage de la délinquance

LE LYS BLEU
ÉDITIONS

© Lys Bleu Éditions – Raymond Rainart

ISBN : 979-10-377-7720-1

Introduction

J'ai écrit une première version de ce document alors que j'étais incarcéré à la centrale de Clairvaux, dans l'Aube. Après en avoir pris connaissance, un juge d'instruction de Chaumont m'avait conseillé de le faire publier. Malheureusement, mon manuscrit a été confisqué par l'administration pénitentiaire en 1971, alors qu'il comportait plus de 400 pages, et je ne l'ai évidemment jamais revu.

Le manuscrit a été confisqué, mais ce qui y figurait est resté gravé dans ma mémoire... Aujourd'hui, après bien des hésitations, je me décide enfin à coucher à nouveau sur le papier mes souvenirs de l'univers carcéral de l'époque, mes pensées, mes doutes, mes sentiments et ma révolte, sans toutefois m'appesantir sur toutes mes erreurs comme je l'avais fait dans la version initiale de mon récit.

Si je prends la plume, c'est notamment parce qu'il me semble qu'en cinquante années, le système n'a pas beaucoup évolué, j'y reviendrai et pour essayer de faire comprendre aux jeunes gens ayant affaire à la justice, qui pourraient lire ces lignes, que la solution n'est pas dans la rébellion, l'insoumission ou je ne sais quel sentiment d'injustice et de colère.

La solution, c'est de parvenir à ignorer les injustices... Se couvrir les yeux, se boucher les oreilles, grandir avant l'âge et se taire... C'est peut-être le seul droit qu'il nous reste !

Le malheur de ces milliers de gosses mal nés est que, grandissant dans un monde de haine, ils ont de grandes chances d'en venir un jour à commettre l'irréparable, ce qui les conduira inévitablement à venir grossir le rang des rejetés du système.

Si je dis « irréparable », c'est parce que même une fois la peine purgée, nous conservons toute notre vie la marque, appliquée au fer rouge, qui nous interdit ensuite d'accéder à une vie normale !

Je me souviens avoir dit un jour à un procureur, qui s'était lancé dans la litanie de mes antécédents : « Quand j'ai réglé la dernière mensualité d'un frigo acheté à crédit, le marchand ne me demande plus rien... Apparemment, ce n'est pas la même chose avec mes condamnations ! »

Paria un jour, paria toujours : à chaque passage en caisse, on vous rappelle que vous n'avez jamais acquitté entièrement votre dette... Il faut même s'attendre à devoir régler des intérêts : les récidivistes se voient octroyer un petit bonus à chaque nouvelle condamnation...

Avec un tel système, il est bien difficile, voire impossible de parvenir à solder un jour sa dette. Même si vous obtenez votre réhabilitation, votre passé délictueux sera toujours inscrit au bulletin n° 1, auquel ont accès les autorités judiciaires. Vous n'aurez donc pas le droit de redevenir M. Tout-le-Monde... Ce principe ne vaut évidemment que si vous faites partie du bon peuple... Pour les politiques, il en va un peu différemment – il suffit de lire la presse pour s'en convaincre.

Aujourd'hui, mon casier judiciaire est vierge, ce qui n'empêche pas certains flics de me rappeler mes antécédents lors d'une simple opération de contrôle...

Préambule

Je veux ici retracer le parcours hasardeux et chaotique, une partie, du moins, d'un gosse qui du fait de son caractère impulsif, mais terriblement sincère, n'a pas su éviter les pièges que la vie lui a tendus. Un gosse qui, à soixante-dix-huit ans, recherche encore et toujours une chose qui lui semble impossible : l'amitié. La vraie, celle qui pousse à donner sans contrepartie, faire des choses gratuitement. Hélas, un tel comportement n'est plus à l'ordre du jour. Aujourd'hui, tout s'achète, tout se vend, au point de se demander si nous n'aurions pas cédé notre âme au diable...

Ce livre est dédié avant tout à Éliane, ma femme. Sans sa patience, sa compréhension et son amour, il n'aurait jamais vu le jour. Je le dédie aussi à mes trois enfants, Christine, Christian et Christophe, et peut-être plus particulièrement à ce dernier qui, inconsciemment, a sans doute voulu ressembler à son père en reproduisant des comportements qui n'étaient surtout pas des exemples à suivre.

J'ai une pensée pour ma fille Corinne, issue d'un premier mariage, que j'ai laissée à sa mère lorsqu'elle avait dix-huit mois et que je n'ai jamais revue depuis...

Une autre pensée pour ce père adoptif qui, même s'il n'a pas été mon géniteur, me manque terriblement...

Une pensée aussi pour sa femme, ma mère adoptive, qui préférait caresser la bouteille plutôt que mes joues !

Je remercie le pasteur Bruneton et son épouse, des personnes formidables qui ont toujours été là dans les moments difficiles, ainsi que toutes les personnes qui se sont trouvées sur ma route et qui m'ont tendu la main.

C'est seulement soixante ans après ma naissance que j'ai appris l'existence de ma mère biologique. J'ai pu faire sa connaissance avant qu'elle ne parte, mais j'aurais aimé le faire beaucoup plus tôt. Elle m'a manqué dès l'adolescence et continue de me manquer énormément.

Aujourd'hui, j'ai atteint le bout du tunnel, mais pour en arriver là, quel gâchis ! Destiné à ne pas avoir une vie identique à celle de la plupart des hommes, j'ai dû me forger seul sur l'enclume de la délinquance...

Ma tare : être né de parents inconnus !

Mon avenir : me « débrouiller » tout seul !

Mes études : l'école de la rue !

Le tout formant un cocktail explosif et un caractère bien trempé...

L'homme est un apprenti
La douleur est son maître
Et nul ne se connaît
Tant qu'il n'a pas souffert.

Alfred de Musset

Si la lecture de ce livre pouvait faire réfléchir et changer d'avis les gosses qui sont mal dans leur peau et qui, ne sachant plus vers qui se tourner, pensent que la seule issue se trouve dans la délinquance, alors j'aurais au moins réussi quelque chose dans ma vie.

Au cachot

J'ai froid.

Ce n'est pas du froid vif et piquant que l'on peut connaître par une belle journée d'hiver passée à l'air libre dont je veux parler, mais du froid d'un cachot. Ce n'est pas le même ! Le premier peut vous faire grelotter physiquement, et c'est naturel. Le second est plus pernicieux, il pénètre au plus profond de votre âme, transperce votre esprit, gèle votre cœur et vos pensées...

Aujourd'hui encore, en déroulant le fil de ma vie, je ressens à nouveau ce froid glacial... Je revois la table en béton scellée au mur décrépi, le tabouret en bois, attaché au sol par une chaîne et le lit pliant, lui aussi accroché au mur, ce dernier n'étant ouvert que de dix-huit heures à sept heures du matin. Interdiction de s'allonger durant la journée. Le Club Med, ce n'est pas à Clairvaux que vous le trouverez !

Accroché à la lucarne, tellement petite que l'air ambiant a du mal à se renouveler, un coin de ciel bleu tente péniblement de se frayer un chemin dans la cellule... Un coin de ciel bleu qui me rappelle que, dehors, la vie continue...

Au-dessus de la porte, une ampoule électrique nue, le hublot de verre qui la protégeait autrefois n'existe plus depuis longtemps, tellement vieille et sale qu'on ne peut même plus voir son filament. Elle diffuse vingt-quatre heures sur vingt-quatre dans une lumière blafarde qui semble sortir du néant. Il est difficile d'imaginer une ambiance plus lugubre.

Les murs ont conservé d'innombrables traces de ceux qui m'ont précédé, sous la forme de graffitis que les autorités ne se donnent plus la peine d'effacer. On y trouve même des inscriptions de 1908...

J'ai froid.

Hélas, ce décor d'un autre monde sera le mien pendant trente jours interminables. Une fois de plus, me voilà dans la prison au sein de la prison : le cachot ! En écrivant cela, j'ai l'impression d'entendre les bien-pensants s'empresser de me juger. « *Si tu es en prison et en plus au cachot, c'est que tu l'as mérité... »*

C'est vrai, je suis en prison, parce que j'ai fait une chose qu'il ne fallait pas faire, une « connerie » de jeunesse, un vol que je regrette. Mais les regrets ne servent à rien, on ne change pas le cours de l'histoire !

En revanche, je me trouve au cachot pour une raison aussi absurde que révoltante : j'ai été puni au simple motif d'avoir écrit à ma femme. J'avais écrit à mon épouse par la voie normale, c'est-à-dire en remettant mon courrier à l'administration pénitentiaire afin que celui-ci soit contrôlé par le vaguemestre, chargé de lire et vérifier tout courrier sortant et entrant. Des fois que les prisonniers ne soient pas en train de préparer une évasion où qu'ils ne divulguent des informations sur ce qu'il se passe à l'intérieur de la prison.

Moi, je n'avais rien fait de tel, j'avais simplement écrit à mon petit bout de femme en précisant à la fin de ma lettre que je l'embrassais bien tendrement sur les cuisses... Quel crime n'avais-je pas commis !

Un surveillant vint me notifier ma convocation devant ce qu'on appelait autrefois le « prétoire » et aujourd'hui la commission de discipline. Une fois arrivé devant ces messieurs, j'appris de la bouche du directeur de l'établissement que ma lettre était censurée, le règlement intérieur interdisant cette forme de poésie.

— Comment pouvez-vous écrire de telles insanités ? me jeta-t-il à la figure.

Et comme je bredouillais une tentative d'explication, la sanction tomba.

— Ne discutez pas ! Pour cette fois, ce sera huit jours de cachot, et si vous recommencez, on double !

On ne discute pas avec ces gens-là, on subit. Mon problème, c'est que je ne supporte pas l'injustice... J'ai donc décidé de ne pas en rester là et puisque la voie dite légale ne me permettait pas d'écrire tout l'amour que je ressentais envers mon épouse, j'allais employer d'autres moyens...

Je savais pertinemment que je ne gagnerais rien à faire ma forte tête, mais chez moi, c'est inné, lorsque je ne me sens pas coupable et qu'un sentiment de révolte monte en moi, il faut que j'aille jusqu'au bout !

C'est ce que j'ai fait. Pas par jeu, par provocation, ou par stupidité, mais parce que je ne supporte pas la connerie, l'injustice, l'abus de pouvoir.

Que je sois puni pour des faits que la société condamne et réprime, d'accord, mais au nom de quoi aurais-je dû endurer les humeurs et les décisions arbitraires de ces messieurs ?

Pourquoi être rejugé en prison par des individus complexés qui ne comprennent rien aux pauvres bougres dont ils doivent s'occuper ? Est-il si difficile de faire des lois ou des règlements intérieurs fondés sur l'humain et non sur les caprices de technocrates stupides et aigris ?

Sans vouloir à tout prix me trouver des excuses, je ne comprends pas pourquoi je n'aurais pas eu le droit d'écrire à ma femme ce que tout homme digne de ce nom est en droit de ressentir. Aurais-je dû avoir honte de cet amour ? En quoi pouvait-il constituer une menace pour l'administration pénitentiaire et pouvait-il justifier que celle-ci me traite comme une bête ?

Malheureusement, ou heureusement pour moi, je n'ai jamais eu l'impression d'être un mouton au milieu du troupeau : lorsque je me sens dans mon bon droit, je fonce, quelles qu'en soient les conséquences...

J'avais droit au parloir. Il faut imaginer une grande salle séparée en deux par un grillage, avec d'un côté une dizaine de détenus, de l'autre leurs familles. Chacune des personnes présentes cherchant à crier plus fort que ses voisins pour se faire entendre. Évidemment, une telle disposition ne peut aboutir qu'à une épouvantable cacophonie et à l'absence totale d'intimité.

Il nous était accordé une demi-heure de parloir par semaine. Les familles des détenus ayant droit au parloir pouvaient leur apporter du linge propre et reprendre le linge sale en prévision de leur prochaine visite. Qui dit linge, dit ourlets, et dans les ourlets, on peut planquer beaucoup de choses ! J'écrivais donc mes petits billets doux sur du papier à cigarette que je dissimulais dans les coutures de mes vêtements...

Ni vu ni connu, je pouvais enfin dire à celle que j'aimais tout l'amour et le désir qui bouillonnaient en moi ! Je n'ai jamais attendu l'heure du parloir avec autant d'impatience qu'à cette époque-là. N'ayant plus à faire lire mes courriers intimes par l'administration et à craindre sa censure, je donnais libre cours à l'expression de mes sentiments et de mes désirs, et ma prose torride allait beaucoup plus loin que l'évocation d'un simple baiser sur les cuisses qui avait tant choqué le directeur !

Je n'ai pas à en avoir honte, et ce que j'écrivais à l'époque n'était d'ailleurs pas plus osé que certains textes de la littérature érotique française, à laquelle les plus grands auteurs ont apporté leur contribution.

Quel est donc cet étrange pouvoir que s'octroyait le directeur de prison pour nous avilir, nous abaisser, nous écraser de la sorte ? De quel droit se permettait-il d'ajouter des tourments supplémentaires à la peine infligée par l'autorité judiciaire ?

Cela fonctionna à quelque temps. Je n'avais plus à brider l'amour que je portais à ma femme et elle me répondait par le même moyen, jusqu'au jour où ce qui devait arriver arriva ! J'étais en pleine action, très occupé à transcrire ma fougue amoureuse en pattes de mouche sur ces minuscules bouts de papier, lorsque la porte de ma cellule s'ouvrit précipitamment pour laisser le passage à un gardien.

— Qu'est-ce que vous faites, vous écrivez à des Lilliputiens ? me lança-t-il.

Je ne sus trouver les mots pour lui répondre. Moi qui, quelques secondes auparavant, étais en train de parler d'amour, je me sentais désormais comme un enfant qui vient de faire une grosse bêtise, en proie à une terrible humiliation.

Voyant ma mine déconfite, le gardien eut un sourire indulgent et me dit à voix basse : « Ne vous inquiétez pas. J'ai fouillé votre cellule pendant que vous étiez en promenade et j'ai trouvé vos petits papiers, mais je comprends. Cet après-midi, je suis de parloir et je fermerai les yeux. »

Non, je ne rêvais pas, j'avais devant moi un maton compréhensif. Enfin, un gardien humain ! Cet homme qui avait à peu près le même âge que moi avait dû ressentir un peu de sympathie à mon égard. J'étais aux anges et ne savais pas comment le remercier pour sa mansuétude.

Profitant de l'aubaine dont je savais pouvoir abuser, sitôt la porte refermée, je me remis à écrire comme un forcené. C'est qu'il y en a des choses à dire lorsque vous êtes séparé de celle que vous aimez et que vous ne pouvez ni caresser ni embrasser !

Certains diront que si la prison est dure à supporter, on ne s'y retrouve pas par hasard, et qu'il suffit d'agir de façon à ne pas y être envoyé. Peut-être, mais pourquoi ne fait-on pas en sorte d'éduquer les jeunes gens qui ont fait un faux pas, au lieu d'exacerber chez eux le sentiment de haine qui monte chaque jour davantage quand ils sont enfermés ?

Pour en revenir au parloir, à peine étais-je assis en face de ma femme ce jour-là que deux gardiens venaient m'arracher de ma chaise.

L'un d'eux me fit : « Votre parloir est terminé. Je suppose que vous savez pourquoi ? »

Évidemment que je savais pourquoi !

Je compris aussitôt que le « bon » maton m'avait piégé et avec préméditation en plus ! J'aurais pu comprendre, à la limite, qu'il m'inflige une punition au moment même où il m'avait surpris en flagrant délit, mais fallait-il être pervers pour me faire croire qu'il compatissait alors qu'il était en train de me piéger...

C'est avec ce genre de petite mesquinerie que l'on commence à se buter et devenir celui que vous n'êtes pas ! Comment s'étonner, après cela, que les prisonniers haïssent les matons ?

Comme en tant d'autres occasions, à ce moment-là, j'ai senti monter en moi un puissant sentiment de révolte et de dégoût, voire une envie de meurtre...

Retour à la case départ ! Me voilà déféré sur-le-champ au prétoire, pour comparaître devant le directeur que mon nouveau méfait avait mis dans tous ses états ! Transpirant à grosses gouttes, il s'épongeait le front avec un mouchoir à carreaux d'un autre âge et semblait suffoquer d'indignation. Non seulement j'osais écrire des billets doux révélant mon manque d'affection, mais je les faisais passer en douce...

Quel outrage ! J'osais défier le règlement intérieur... Défier son règlement ! L'interdiction que j'avais enfreinte ne figurait précisément que dans le règlement intérieur de la prison. La loi n'interdisait pas qu'un détenu puisse entretenir une correspondance, même à caractère érotique, avec son épouse. Et pour ce qui du règlement intérieur, il est évidemment propre à chaque établissement : ce qui est permis à Paris ne l'est pas forcément à Nice, et vice versa ! En l'occurrence, à la maison d'arrêt de Nice, il était interdit de dire à sa femme qu'on l'aimait, juste parce que le directeur en avait décidé ainsi... Pauvre Con !

— Comment osez-vous écrire de telles saloperies et en plus les faire passer en cachette lors d'un parloir ? hurlait-il, les yeux exorbités.

Devant un tel comportement, moi le taulard, je me sentais autrement plus respectable !

J'eus beau essayer de lui expliquer que si j'avais pu écrire à mon épouse par la voie dite normale le désir que j'éprouvais pour elle, je n'aurais pas été obligé d'employer des moyens détournés, il ne voulut rien savoir.

— Quinze jours, vous m'entendez ! Je vous donne quinze jours de cachot !

Je les eus, bien sûr... Pas même le droit de faire appel !

Le lendemain, j'étais encore au cachot, plongé dans la lecture des petits mots que j'avais trouvés dans les ourlets du linge propre apporté par ma femme – les gardiens chargés du contrôle n'avaient pas imaginé que la correspondance fonctionnait dans les deux sens – lorsque le maton de service poussa la grille pour voir ce que je fabriquais. C'était mon ami le traître, celui qui m'avait piégé ! Inutile de dire que je n'étais pas dans les meilleures dispositions à son égard.

— Alors, connard, tu es content de toi ?

— Je vous interdis de me tutoyer et me parler de la sorte. Donnez-moi ce courrier interdit ! me répondit-il.

— Tu n'as qu'à venir le chercher, tas de merde...

La porte est restée fermée. Heureusement pour lui et pour moi – car s'il était entré, je pense que j'aurais pu le tuer sans que rien ne puisse m'arrêter.

Têtu comme un âne et en guerre perpétuelle contre l'injustice, je ne fis que récidiver au cours des mois suivants. Chaque fois, je replongeais au mitard, retrouvant l'atmosphère puante de ce lieu de punition avec de moins en moins de dégoût.

On se fait à tout, et ce pouvoir d'adaptation est même l'une des grandes forces de l'être humain. De quinze jours en quinze jours et de quinze jours en quarante-cinq jours, j'ai passé au cachot plus de dix mois sur les douze où je suis resté à la maison d'arrêt de Nice.

N'étant jamais prévenue de mes séjours au mitard, ma femme devait rebrousser chemin lorsqu'elle venait me rendre visite. Bien évidemment, personne n'aurait eu la délicatesse de la prévenir afin de lui éviter de manquer son travail. On se faisait même un malin plaisir à lui annoncer la nouvelle une fois qu'elle était devant la porte de la prison.

— Votre mari est encore au mitard... Pour les petits billets que vous savez...

Comprenant qu'il ne parviendrait pas à me mettre au pas, Bouclette, c'était le surnom qu'on donnait au directeur en raison de son abondante chevelure frisée me promit un traitement de choc, et il tint parole.

Pour avoir débordé d'amour envers ma femme, je fus transféré à la centrale disciplinaire de Clairvaux, un établissement qui se targuait de faire entendre raison aux fortes têtes.

Clairvaux, tombeau disait-on dans notre univers !

Je fus envoyé au cachot dès mon arrivée, afin de purger la peine de trente jours que m'avait infligée « Bouclette » en guise de cadeau d'adieu, et c'est alors que j'étais enfermé dans cette pièce nauséabonde que me vint pour la première fois l'idée de coucher sur le papier l'expérience de ma vie carcérale.

Allais-je écrire un livre-témoignage, un livre-vérité, un livre d'information ? Je ne m'en souciais pas, je ressentais juste le besoin d'écrire des lignes et des lignes, de noircir du papier, de me défouler sur ces pages blanches, qui paraît-il, sont la hantise des écrivains. Sans doute faut-il du temps pour écrire un roman, puisque l'inspiration se fait parfois attendre, mais dès que j'ai commencé à écrire l'histoire de ma vie, j'ai plutôt dû me freiner et me résoudre à poser de temps en temps un stylo qui avait tendance à s'emballer...

Dès le départ, je me suis demandé comment intituler ce récit et j'ai envisagé différentes possibilités : *Mes Méfaits*, *H comme Haine* ou *QHS*, pas pour Quartier de Haute Sécurité, mais pour Quand la Haine S'additionne.

Pour ce qui est de mes nouvelles conditions de vie, le cachot de Nice m'apparaissait rétrospectivement comme un hôtel trois étoiles en comparaison de celui de Clairvaux, à savoir une pièce de deux mètres sur deux entièrement vide.... Même la paillasse qui servait de lit aux détenus ne leur était distribuée qu'à partir de dix-huit heures.

Pas de table, pas de tabouret, pas même un seau pour faire ses besoins. Rien ! Quand, dans la journée, une envie pressante vous prenait, il fallait frapper à la porte pour appeler le surveillant de service, et attendre que ce dernier daigne bien vous répondre.

Attendre... C'est ce qu'on fait le plus en prison. On attend la gamelle, on attend la douche, une fois par semaine à l'époque, on attend le courrier, on attend la promenade, on attend le parloir. On attend la fin de la semaine, du mois, de l'année... On attend !

Mais j'en reviens à ce qu'il fallait faire au cachot de Clairvaux « en cas de besoin »... Quand le digne représentant de l'ordre finissait par vous répondre, une petite trappe s'ouvrait au bas du mur pour vous permettre de saisir l'objet de votre convoitise, qui allait enfin vous permettre de vous soulager : la tinette !

Enfin, une tinette, c'est beaucoup dire... Une tinette, en principe, c'est un seau hygiénique muni d'un couvercle, comme celui que j'avais à Nice, et même si d'innombrables fessiers s'y étaient posés avant le mien, je peux dire que je l'ai beaucoup regretté en arrivant dans ma nouvelle résidence !

Pas de tinette au cachot de Clairvaux, juste une vieille douille d'obus en cuivre, d'un diamètre de quinze centimètres. Il fallait bien viser ! Toutefois, ce n'était pas le plus gros problème : si par malheur vous aviez envie en même temps d'uriner et de déféquer, c'était impossible, et il fallait alors se pincer le sexe pour que les deux opérations puissent se faire l'une à la suite de l'autre... Excusez le détail... C'est pour vous mettre dans l'ambiance !

Le mot d'ordre à Clairvaux était de briser le moral des troupes par tous les moyens et de ce point de vue, le régime alimentaire auquel nous étions soumis y contribuait largement.

Au cachot, on ne mangeait qu'un jour sur deux. Nous appelions cela le régime jockey et encore c'était un grand mot pour désigner la soupe claire, sans aucun goût qui nous était servi le midi et le soir. Le seul avantage d'un tel régime, c'est qu'il permettait de ne pas avoir souvent besoin de la douille d'obus !

Les journées sont longues au cachot... Interminables !

Après la demi-heure quotidienne et obligatoire de promenade, effectuée par tous les temps, la seule chose à faire était de marcher de long en large... ou plutôt de long en long, puisque la cellule était carrée. Comme l'ont fait des milliers de détenus avant et après moi, j'essayais de m'occuper en comptant les pas d'un mur à l'autre, parfois même les yeux fermés. Un, deux, trois, quatre, je tourne... Un, deux, trois, quatre, je tourne !

Trente jours enfermés dans ce trou à rat. Trente jours à gamberger, à ruminer ma haine... Ma seule distraction consistait à m'amuser avec les cafards et les araignées que je parvenais à capturer. Je lisais un peu aussi, étant précisé que le seul livre autorisé était la Bible...

En sortant du mitard, j'ai découvert la « cage à poules ».

Ah, la cage à poules... (Gros soupir).

Un dortoir, une pièce de vingt mètres de long sur dix de large où étaient entreposée une cinquantaine de paillasses, séparées par des grillages – d'où le surnom donné à cet endroit.

Le soir, à l'heure du coucher, on nous ordonnait de nous mettre à poil, et notre anus était soigneusement inspecté afin de vérifier que nous n'y avions pas dissimulé le nécessaire du parfait fumeur dans un tube d'aspirine !

Je m'y vois encore... Alignés en rang d'oignons, le pantalon sur le bras et le sexe à l'air, nous avancions un par un jusqu'à arriver devant le surveillant de l'administration pénitentiaire. Là, il fallait écarter les jambes, se baisser en avant et tousser pour que l'anus se dilate. Le surveillant nous passait alors un miroir entre les jambes pour inspecter l'orifice.

Sans doute motivés par une admirable conscience professionnelle, certains ne se servaient pas du miroir, préférant s'accroupir pour croiser directement le regard de l'œil de bronze...

Suivant !

Et vous montiez vous coucher avec un broc d'eau, que vous retrouviez le lendemain matin pour la toilette – étant précisé qu'en hiver, l'eau se changeait en glace durant la nuit.

Toutes ces scènes se déroulaient sans un mot, car à l'époque la loi du silence était imposée à Clairvaux : interdiction formelle de parler à un codétenu sous peine d'être envoyé au cachot !

J'avais été affecté à l'atelier des filets, où je passais la journée à confectionner des filets destinés à garnir les cages des buts de football. Le travail était obligatoire et personnellement, je n'avais rien contre le fait d'être occupé, au contraire. En revanche, il ne fallait pas espérer être payé pour ce travail comme nous l'aurions été à l'extérieur. Pour bien nous réinsérer et nous faire comprendre que ce n'est que par le travail qu'un homme arrive à la rédemption, il nous était accordé 1,77 franc par filet terminé, soit l'équivalent d'environ 27 centimes d'euros pour trois jours de travail !

Chaque fois que je regarde un match de foot, je ne peux m'empêcher de me demander quel est le malheureux qui a trimé comme un esclave pour fabriquer le filet des cages, même si je sais que les choses ont un peu changé.

Il me faut encore préciser que cette petite fortune était divisée en trois parties égales : une pour « cantiner », c'est-à-dire effectuer à l'intérieur de la prison de menus achats destinés à améliorer l'ordinaire, une pour payer les frais de justice et la dernière pour constituer un pécule d'un montant dérisoire, récupéré en sortant de prison.

C'est cela que les technocrates parisiens appellent la réinsertion sociale... On jette en prison ceux qui ont commis un délit, mais ceux qui nous exploitent ne sont pas des voleurs : ils font œuvre de réinsertion !

Aujourd'hui encore, tous les achats qui permettent d'améliorer l'ordinaire d'un détenu doivent passer par l'établissement pénitentiaire, qui facture tous les articles le double de ce qu'ils coûtent à l'extérieur : un véritable racket organisé !

Vous avez le droit de faire vos courses en prison, mais pour cela, il faut pouvoir toucher des subsides provenant de l'extérieur. On distingue trois sortes de détenus : celui qui a un compte en banque bien garni et peut se faire envoyer de l'argent régulièrement, celui dont la famille fait de gros sacrifices pour lui envoyer un peu d'argent de temps en temps, et celui qui ne touche jamais rien, celui-ci, il n'est même pas RMiste, c'est le clochard de la prison, celui qui peu ou prou sera l'esclave de ses congénères pour améliorer son ordinaire !

En vertu de la même répartition par tiers que celle s'appliquant au salaire, lorsque votre mère, votre femme ou votre ami, s'il vous en reste, vous envoie 100 euros, vous n'en touchez que 33, et l'expéditeur doit quant à lui payer 6 euros à la Poste pour faire partir un mandat cash, seul moyen autorisé par l'administration ! Ainsi, la femme ou la mère d'un détenu qui veulent lui faire parvenir 33 euros pour « cantiner » devront en débourser 106 !

C'est souvent en raison de ces règlements absurdes d'un autre âge que l'ambiance dans les prisons se dégrade, ce qui peut conduire à des explosions de violence. Pourquoi ne pas permettre à une femme venant rendre visite à son mari de déposer à l'entrée de la prison une somme d'argent qui lui serait intégralement remise ?

Certes, des améliorations ont vu le jour, avec l'installation de douches et de w.c. dans certaines prisons et l'apparition de la télé dans les cellules, mais on peut se demander si l'objectif de ces aménagements n'est pas avant tout d'obtenir la paix à moindre coût. Un détenu qui regarde la télé toute la journée ne pense plus, et ne pose plus de problèmes aux gardiens. C'est mieux que les tranquillisants et plus économique !

De plus, ce service est payant. Tant pis pour celui qui n'a pas les moyens de se l'offrir ! Comme on le voit, la prison n'est pas la même pour tout le monde et celui qui a de l'argent traverse plus facilement cette épreuve, sur ce point, il est vrai qu'il n'y a guère de différence entre la prison et le monde extérieur.

En réalité, ce n'est pas forcément de confort matériel que les détenus ont le plus besoin, et il serait possible d'améliorer nettement les conditions de vie dans les prisons, à la fois pour les détenus et pour les gardiens, simplement en mettant en œuvre quelques mesures simples et de bon sens, qui ne nécessitent même pas de dépenser les crédits que réclament régulièrement les agents de l'administration pénitentiaire.

Avec un peu de respect, de compréhension et d'amour, on pourrait déjà faire avancer les choses. De l'amour en prison, et puis quoi encore vont s'indigner certains !

Franchement, pourquoi les familles ne pourraient-elles pas apporter à leurs proches emprisonnés, des vivres, la paire de chaussures qui leur fait défaut, quelques paquets de cigarettes ? Par souci de sécurité, vraiment ?

Selon la loi, la peine de prison doit consister en une privation de liberté, pas en une accumulation de brimades. De toute façon, il y a actuellement dans les prisons françaises plus de choses illicites que de produits autorisés, en dépit de toutes les mesures de sécurité imposées par l'administration pénitentiaire, barrière anti-ceci, barrière anti-cela, caméras, portique de sécurité, etc. Malgré les fortunes investies dans l'installation de ces équipements, les prisons sont de véritables passoires ! Aura-t-on un jour l'honnêteté de regarder les choses en face, ou est-il plus commode de ne pas se poser trop de questions ?

Je referme cette parenthèse pour en revenir à l'atelier. Alignés devant un râtelier huit heures par jour, un peu comme des chevaux dans un box, nous attendions que le temps passe en faisant nos filets. Pas une parole ne se faisait entendre, le seul bruit audible étant celui de l'aiguille à tricoter qui glissait sur la cordelette noire.

Lorsqu'un besoin naturel se faisait sentir, il fallait poser son aiguille, taper dans ses mains, et recommencer à travailler en attendant que le maton de service passe dans votre travée et veuille bien demander qui avait tapé.

La tête baissée, tout en regardant votre travail, vous répondiez : « Deux mille neuf cent trente-neuf, chef ! »

Là, en fonction de son humeur, le maton vous autorisait, ou non, à aller vous soulager...

Vous l'aurez compris, ce nombre : 2939, était mon matricule de taulard : en aucune manière on ne vous appelait par votre nom. À Clairvaux vous n'étiez qu'un numéro... tout comme dans certains camps qui nous font rougir de honte aujourd'hui.

Au quotidien, seuls certains détails pouvaient vous rappeler qu'à l'extérieur, des êtres chers vous aimaient et vous attendaient... Du moins pour ceux d'entre nous qui avaient la chance d'être attendus !

Parfois, un détenu était retrouvé mort.

Règlement de compte ou suicide ?

Pas toujours facile de faire la différence, surtout pour certains détenus. En ce temps-là, il existait encore en prison ce qu'on appelait le « prévôt », en d'autres termes, un détenu faisant fonction de maton. Un auxiliaire de service, un homme qui a baissé son froc devant l'administration pénitentiaire et qui fait régner la loi auprès de ses codétenus. Aux yeux de tous, la pire des salopes !

Les matons en titre appréciaient d'être secondés dans leurs tâches par ces auxiliaires souvent zélés, ces collabos auprès desquels ils passaient presque pour des anges, ces fils de p... !

De temps en temps, donc, un prévôt était retrouvé mort, ayant apparemment décidé de se suicider. Quel dommage, à chaque fois, de perdre l'un de ces excellents serviteurs ! On dit même que certains détenus plus charitables que les autres les aidaient parfois à en finir avec la vie...

J'allais passer trois ans dans cet environnement. Je précise bien qu'en aucune manière, je ne me plains du jugement qui m'avait infligé ces trois années de détention : si la seule manière de punir un homme qui a fauté est de le mettre en prison, j'accepte la sentence.

Ce que je ne peux admettre, c'est qu'une multitude d'autres peines, non prévues par la loi, viennent se greffer à celle prononcée par l'autorité judiciaire, ce qui est facteur d'injustices de récidives, et source d'importants problèmes pour l'administration.

Je ne pense pas qu'en rabaissant les individus comme le font le système carcéral, certains juges et certaines assistantes sociales, nous puissions espérer une réduction de la délinquance... Bien au contraire !

D'ailleurs, le veut-on vraiment ?

Je ne conteste pas le fait d'être puni pour un acte illégal, mais doit-on pour autant nous traiter comme du bétail ? Un jour, le détenu quel qu'il soit, sort de prison... Un jour il sera rendu à la société. Pourquoi ne pas tout mettre en œuvre pour qu'il en sorte guéri en lui donnant toutes les chances de ne pas retourner à l'école du crime ?

Seules les personnes dotées d'une grande volonté et bénéficiant d'un appui extérieur, à l'épreuve du temps, peuvent sortir de ce carcan... Je parle en connaissance de cause ! Les autres, ceux qui constituent la majorité de la population carcérale, récidivent et c'est tant mieux pour les statistiques...

Soyons clairs : si toutes les personnes qui entrent en prison ne devaient plus y retourner, combien de fonctionnaires mettrions-nous au chômage ? Finalement, ne devrions-nous pas être considérés d'utilité publique ? Je plaisante bien sûr...

Cela étant, je me demande parfois si nous ne devrions pas être consultés pour améliorer le système, puisque nous en avons malheureusement l'expérience.

Comment peut-on se retrouver enfermé entre quatre murs ? Je crois que cela dépend de beaucoup de choses, mais en ce qui me concerne, en dehors de parents adoptifs qui n'ont pas su me parler, mon caractère difficile à maîtriser y est pour beaucoup. Un sentiment d'injustice aussi.

Si, dès l'enfance, vous avez un caractère plutôt malléable, si les accidents de la vie ne font que vous effleurer alors que certains les prennent de plein fouet, si votre jeunesse se passe dans une atmosphère familiale heureuse, vous avez de grandes chances d'éviter la prison… Quoique…

Si en revanche, comme moi, vous êtes un révolté, un écorché vif et que vous avez à la fois le sentiment d'être incompris, manquer d'amour et de reconnaissance, alors vous risquez de faire le grand plongeon !

Attention, je ne fais pas l'apologie des taulards, et je ne parle d'ailleurs pas de ceux qui ont véritablement choisi le crime pour métier – même si, en fouillant leur passé, on finirait par découvrir que certains éléments de leur environnement ont joué un rôle dans le fait qu'ils ont pris un mauvais départ.

Je souhaite simplement parler des banlieues que le Gouvernement a transformées en ghettos, des paumés, des incompris, des laissés pour compte qui forment hélas la majorité carcérale, et qui demain encore seront dans la rue avec le seul droit qui leur appartienne, celui de se « démerder » comme ils peuvent pour tenter de s'en sortir !

Parler de ceux qui, à ce stade de leur existence, ne sont pas encore des caïds. Parler de ces gosses de dix à quatorze ans qui font aujourd'hui régner la terreur dans les cités en se prenant pour des hommes.

Il est bon de rappeler que nos prisons coûtent une fortune aux Français et que cet argent pourrait être employé autrement, mais qui aura le courage politique de vouloir changer toutes ces lois injustes ? De plus, sommes-nous certains que tout le monde en ait la volonté ?

À l'heure où je termine d'écrire ces lignes, voilà plus de quarante ans que je ne suis pas retourné en « zonzon ». Je le dois à une femme qui a su m'attendre pendant ces longues années, qui a su m'épauler et me comprendre alors que je ne lui ai pas fait mener une vie de rêve.

Je le dois aussi à quelques personnes qui ont su apprécier mes qualités, puisqu'à ce qu'il paraît, je n'ai pas que des défauts.

Mais combien d'hommes passés par la prison ont eu la chance de faire de telles rencontres ?

Malgré toutes les années passées, je ne peux m'empêcher de ressentir une haine profonde envers cette société, qui, sous le prétexte de faire régner la loi, fait régner le désordre social et une injustice à peine masquée. Encore aujourd'hui, je ressens de la colère quand je vois que rien ne change, sinon nos responsables politiques…

Je voudrais croire en l'utopie d'un monde meilleur, tout en étant conscient du fait que l'homme est un loup pour l'homme, comme l'ont dit de nombreux penseurs et philosophes.

Mon paternel, quant à lui, se contentait de me dire : « Souviens-toi que dans la vie, il vaut mieux être le boucher que le veau… » C'est certainement vrai…

Que faire lorsqu'on ne se sent pas l'âme d'un boucher ? Faut-il se résoudre à le devenir malgré tout ?

Je le confesse, c'est ce que la vie m'a obligé à faire !

Clairvaux...

À l'époque où j'y ai fait mes armes, les bâtiments principaux étaient en train d'être rénovés, sous la direction des Monuments historiques.

Des millions pour sauver les vestiges du passé... Pas un sou pour améliorer le sort des créatures humaines qui s'y trouvaient piégées !

L'affaire Buffet-Bontems, cela vous dit quelque chose, ou est-ce trop vieux pour que vous en ayez même entendu parler ?

C'est à Clairvaux que ça s'est passé.

« Le matin du 21 septembre 1971, à l'heure du petit déjeuner, Buffet et Bontems se plaignent de douleurs abdominales. Ils sont envoyés à l'infirmerie accompagnés par quatre gardiens. À peine y sont-ils entrés que Buffet repousse un surveillant, qui en entraîne deux autres dans sa chute. Avec Bontems, il s'enferme dans l'infirmerie avec trois otages : le gardien Guy Girardot, l'infirmière Nicole Comte et un détenu infirmier, finalement relâché.

Le procureur de la République de Troyes se rend à Clairvaux en apprenant la prise d'otages. Il y reste jusqu'à l'assaut. C'est à lui que Buffet offre d'échanger les otages, s'il se livre en leur lieu et place.

Lorsque les gendarmes et gardiens forcent la porte du laboratoire où se trouvent les otages et les détenus, ils braquent sur Buffet et Bontems, une puissante lance d'incendie, dont le jet les renverse, mais les otages baignent dans leur sang.

Buffet et Bontems sont conduits à l'hôpital, après leur lynchage par les gardiens auxquels les gendarmes les ont arrachés.

À Clairvaux, un petit couteau Opinel est en vente libre à la cantine. C'est cela l'arme de Bontems. Buffet, lui, a un poignard, long de 20 centimètres, large de 8, fabriqué par un détenu de Clairvaux, pour 20 paquets de cigarettes. Ils ont aussi une matraque, également faite sur place. Une véritable armurerie, Clairvaux. Tous les détenus ont leurs couteaux.

Tous les gardiens le savent. Le directeur aussi. Tous ont peur les uns des autres. »[1]

A-t-on essayé de comprendre comment deux pauvres individus en sont arrivés à tuer l'infirmière de service et le surveillant de jour ? Qui les a véritablement tués ? Les deux taulards, poussés dans leur retranchement, ou ce sentiment de n'avoir plus rien à perdre ?

Quel espoir reste-t-il à celui qui prend perpette ?

Dans l'absolu, ne serait-il pas préférable de le tuer ?

Comment peut-on en arriver là ?

Faudrait-il revoir les thèses de maître Polac, cet avocat qui, tel le philosophe Diogène, se tenait au tribunal avec un briquet allumé à la main, disant chercher la justice ?

Les thèses de ce même avocat qui, tout en déclamant sa plaidoirie, envoyait subrepticement des pois chiches sur la tête du Procureur de la République ? Quand ce dernier, excédé par ces outrages, demanda en hurlant qui s'amusait à lui envoyer ces projectiles, l'avocat se dénonça en lui faisant remarquer qu'il venait d'avoir la même réaction que son client : bondir et s'énerver !

---

[1] https://www.jschweitzer.fr/les-crimes/buffet-bontems/

Le client en question avait tué un gosse parce que celui-ci lui jetait des pierres toute la journée. L'image ne manqua pas de faire son effet !

Peut-être ne s'agit-il là que de légendes, mais ce sont de telles histoires qui circulent au sein des prisons et alimentent la soif de justice de ceux qui y sont enfermés.

Certes, la justice est rendue par des hommes et à ce titre ne peut être parfaite, mais est-ce une raison pour démolir à jamais des êtres humains qui ont commis une erreur dans leur vie ? Je reste persuadé que l'on pourrait faire beaucoup pour le système carcéral, beaucoup de choses pour éviter les récidives, mais une fois encore, le veut-on vraiment ?

La prison est-elle vraiment une solution ?

Juste un peu avant mon départ de la Centrale de Clairvaux en 1972, les choses évoluèrent, avec la réalisation d'importants travaux de rénovation : bâtiments neufs, cellules individuelles, chauffage central, lavabos avec eau potable, etc.

Il est vrai qu'après la révolte des prisons, une prise de conscience s'est fait ressentir, mais malgré le modernisme actuel et l'apparente facilité à vivre plus confortablement, les choses ont-elles vraiment changé ?

Est-ce vraiment de confort que nous manquons une fois enfermés ? Pourquoi ne pas donner à la prison sa véritable vocation qui serait de punir, certes, mais d'abord et avant tout d'éduquer ? Faut-il perdre l'espoir de croire que l'on doit pouvoir remettre dans « le droit chemin » des gosses de 10 à 18 ans ?

Pouvait-on vraiment penser que les matons de l'époque, ces matons ivrognes, ces dingues du porte-clés, ces obsédés sexuels qui nous lorgnent lorsque nous nous masturbons, ces pauvres types, ces marchands de misère, étaient là pour nous rééduquer, et qu'ils en avaient la capacité ?

Le droit chemin, qu'est-ce que ça peut bien vouloir dire pour tous ces gamins qui, ayant accès à la télévision, constatent qu'il vaut mieux détourner des millions d'euros qu'aller travailler à l'usine ? Voir que ceux qui prétendent nous gouverner sont de plus en plus accusés de malversation ? Il ne se passe pas une semaine sans que nous entendions à la télé qu'un tel ou un tel soit mis en examen...

Qu'est-ce que ça veut dire quand de plus en plus de notables se retrouvent en prison ? Il est vrai que les choses évoluent tellement qu'un quartier VIP a vu le jour dans nos prisons, afin de ne pas mélanger les torchons et les serviettes !

Un truand, un meurtrier, un violeur, un gosse de dix-huit ans qui a fumé un joint peuvent se retrouver dans la même cellule... Mixité sociale ? Pas tout à fait : tout le monde a droit au même châtiment... sauf M. le ministre et ses amis, que l'on enverra au quartier des honnêtes gens, ceux qui s'en mettent plein les poches et qui ne sont pas gênés de se présenter à nouveau aux élections suivantes !

Voilà ce que voient nos jeunes. À semer l'injustice, vous récoltez la haine !

Dois-je en conclure qu'il y a délits et délits ? Je vous accorde qu'il y a toujours eu des bavures, mais, comme par hasard, il y en a de plus en plus !

Gardien de prison, cela devrait être une vocation au même titre que curé. Un juge d'instruction de Chaumont me disait qu'il serait volontaire pour que les magistrats puissent faire quinze jours de prison incognito, dans les mêmes conditions que les « vrais détenus », afin de voir ce qu'il se passe réellement entre les murs des établissements pénitentiaires.

Chiche ! Je suis sûr que ce serait un réel moyen pour que les prisons soient moins pleines ! À quand la prison-école, la prison éducatrice, la prison-hôpital, la prison bénéfique... Pour tous !

En principe, vous entrez à l'hôpital pour vous faire soigner, pas pour vous faire démolir ! Pourquoi n'en serait-il pas de même de la prison ? Pourquoi ne pas soigner en nous ce terrible mal-être qui est avant tout un mal d'amour ? Pourquoi ne pas employer de véritables éducateurs au lieu des paumés qui, ne sachant pas quoi faire dans la vie active, deviennent gardiens de prison uniquement pour s'assurer un emploi stable ? Il en est de même pour certaines assistantes sociales et je mesure bien mes mots !

Pourquoi certains matons se croient-ils investis d'une mission qui n'est pas la leur, consistant à torturer physiquement et psychologiquement ceux dont ils ont la garde ?

Toi qui m'as laissé croire que je pouvais écrire en douce à ma femme...

Toi qui, toutes les heures de la nuit, tapes lourdement à la porte de ma cellule afin que je bouge, juste pour t'assurer de ma présence et vérifier que je ne suis pas suicidé ou évadé...

Toi qui bloques mon courrier quelques jours sur ton bureau au lieu de me l'apporter, en sachant le mal que cela va me faire...

Toi qui, pour un oui ou pour un non, viens mettre ma cellule sens dessus dessous, alors que tu l'as déjà fouillée de fond en comble la veille...

Toi qui, sous l'emprise de l'alcool, me fais laver ma cellule au savon noir et qui, au moment du rinçage, me fermes l'arrivée d'eau...

Toi qui, lorsque nous prenons la douche une fois par semaine, coupes l'eau chaude pour nous envoyer de l'eau glacée, en criant : « Deux minutes de rinçage ! »...

Toi qui, lorsque tu me fouilles, lorgnes mon trou du cul un peu plus longtemps que tu ne le devrais...

Toi, toi et encore toi...

Oui, je vous accuse d'être des incapables et des salauds ! De prendre du plaisir à nous humilier, nous abaisser, nous faire ramper !

J'ai fauté, certes, mais j'ai au moins le courage de mes actes, alors que vous, qui trafiquez avec certains détenus aisés, avez tous les droits, même celui de nous juger !

Qui nous faisait payer 500 balles la bouteille de pastis entrée en douce à la prison de la Santé en 1968 ?

Qui, de nos jours, revend 800 euros un téléphone portable acheté cinq ou six fois moins cher à l'extérieur ?

Réveillez-vous ! Les smartphones n'ont pas des ailes... Ils ne rentrent pas tout seuls en prison !

Mais alors, c'est qui ?

C'est vous, messieurs les braves serviteurs carcéraux !

Vous qui, sous le prétexte d'être de bons citoyens, trafiquez avec ceux qui ont les moyens de vous acheter !

Vous me ferez plier, peut-être, mais vous ne me casserez pas ! Moralement, j'en ressortirai vainqueur...

Mauvais départ

C'est vers l'âge de sept ans que je devins adulte par la force des choses. Une nuit, vers deux heures du matin, alors que je n'étais qu'à moitié endormi et qu'une petite lueur filtrait sous la porte de la chambre de mes parents, je les entendis qui chuchotaient. Le sentiment d'interdit excitant ma curiosité, je me mis à tendre l'oreille.

À un moment, j'entendis ma mère prononcer cette phrase : « Comment réagirait Raymond s'il apprenait que nous ne sommes pas ses parents ? » ce à quoi mon père répondit, agacé : « Arrête donc avec ça, comment veux-tu qu'il le sache ? »

Ces deux petites phrases, qui me foudroyèrent sur place, allaient changer le cours de mon existence !

Le matin, au réveil, le décor de ma chambre m'apparut différent de la veille au soir... J'avais tout à coup l'impression de ne pas être chez moi ! Avais-je bien entendu, ou tout cela n'était-il qu'un mauvais rêve ?

C'est dur quand on a sept ans de se dire qu'on vit peut-être chez des inconnus et qu'on ne connaît rien de ses vrais papa et maman... Dur d'avoir continuellement ce genre de pensées au lieu de jouer aux billes et aux autres jeux de mon âge ! Si j'avais encore des doutes au début, la suite me fit rapidement comprendre que le cauchemar était bien réel.

La personne qui se disait ma mère ne semblait guère avoir d'affection pour moi, du moins ne me donnait-elle jamais de marques de tendresse. En revanche, elle avait un intérêt assez marqué pour la bouteille et pour le commérage. Un jour, un de mes camarades d'école me posa cette question :

— C'est vrai que tes parents ne sont pas tes vrais parents ?

— Pourquoi tu me demandes ça ?

— Mes parents en ont parlé à table, mais ils m'ont demandé de ne rien te dire !

Ma mère s'était confiée à la voisine…

Les enfants ne sont pas tendres entre eux, et j'eus bientôt à endurer de me faire continuellement traiter de fils de pute, de bâtard et en raison de mon nom de famille, de fils d'Allemand, par mes camarades de classe.

De bagarre en bagarre, je devenais le garçon à éviter. Au fil des ans, j'apprenais à accepter l'inacceptable, et ce faisant, mon caractère se forgeait et s'endurcissait.

Mal-aimé, révolté, je continuais à grandir et à évoluer dans cette ambiance. J'entrais progressivement en délinquance comme d'autres entrent au lycée.

Ainsi, de petits larcins en fugues répétées, les années passèrent jusqu'à ce que je sois placé en « maison de redressement ».

L'expression qu'on utilisait autrefois pour désigner ce type d'établissement me fait encore bondir : maison de redressement ! Aujourd'hui, c'est plus hypocrite, puisqu'on parle de centre d'éducation surveillée, en vertu d'une évolution du langage qui a contaminé toute la société : le manœuvre est devenu agent de service, la caissière, hôtesse de caisse, et le flic, agent de la force publique.

Seul le con n'a pas changé !

Mouans-Sartoux

Qui aurait pu me redresser à l'époque ?

Surtout avec les méthodes de rééducation employées qui, à ma connaissance, n'ont pas tellement changé depuis. Toute une encyclopédie ne suffirait pas à analyser le comportement de ceux qui prétendent comprendre les gosses en difficulté.

Je me souviens encore de l'enseigne en fer forgé de l'établissement où j'étais enfermé lors de mes quinze ans. Elle portait cette étrange devise : « Agneau tu es entré, lion tu sortiras » !

À chacune de mes fugues du centre, j'étais présenté au juge des enfants, toujours en présence de mes prétendus parents.

Peut-être que si, lors de l'une de ces rencontres, mon père m'avait pris dans ses bras en m'avouant la vérité... Peut-être que s'il m'avait fait comprendre que malgré mes bêtises, il m'aimait... Peut-être que si j'avais ressenti une quelconque affection... Peut-être les choses se seraient-elles passées différemment !

Malheureusement, ce n'est jamais arrivé. Après mes premières fugues, je suis revenu au domicile parental, espérant trouver le moyen d'avoir une explication avec ce père renfrogné, rude, semblant forgé dans un acier indestructible.

Au lieu de se réjouir de mon retour et d'entendre ce que j'avais à lui dire, son premier réflexe était toujours de prévenir le juge et d'appeler les « condés ».

Comment s'étonner que, devant tant d'amour et de compréhension, un gosse puisse prendre le mauvais chemin ?

Sans comprendre, ou sans vouloir comprendre que je me faisais du mal, je me suis enfoncé dans un gouffre infernal, cherchant sans cesse à faire une nouvelle connerie quand je venais d'être puni pour la précédente.

Pour me venger de mes parents adoptifs, c'est du moins ce que je pensais, je volais régulièrement des mobylettes que je ramenais jusqu'au pied de mon HLM. Là, avec une rage provenant du plus profond de mon être, je les détruisais.

Lorsque la police débarquait, j'expliquais sans rechigner et avec force précisions l'endroit où j'avais trouvé ces mobylettes. Mon père payait les pots cassés en argent... et se remboursait en me corrigeant durement !

Il me faut aussi préciser qu'à chacune de mes fugues, quand je revenais au centre de Mouans-Sartoux, le directeur M. Feuillet me déshabillait, me faisait prendre une douche sous son œil protecteur, et me savonnait en tapotant mes fesses pour me punir... L'enfoiré !

Bien évidemment, ces attentions n'étaient pas destinées qu'à moi : mes camarades de galère se voyaient réserver le même sort.

À la moindre incartade, il nous faisait entrer dans son bureau, nous couchait sur ses genoux et nous fessait amoureusement, câlinement, le postérieur, avant d'appliquer ses lèvres goulues sur nos petits culs juvéniles pour un baiser censé être consolateur.

Son amour pour les enfants était singulier... Eh oui, même si le mot n'était pas encore employé à l'époque, c'est bien à un pédophile qu'on avait confié la mission de nous éduquer ! Cela a-t-il changé de nos jours ?

Seuls les pauvres bougres traversent de telles expériences sans broncher. En revanche, pour ceux qui, comme moi, ont un tempérament à ne pas se laisser faire, c'est un long chemin de croix en perspective !

La prison pour 1,15 franc !

C'est lors de ma dernière fugue que les choses se précipitèrent. C'était il y a bien longtemps et pourtant, je m'y vois encore.

En 1959, j'étais âgé de quinze ans. Accompagné d'un copain, je commis l'erreur de soustraire 1,15 franc à deux fils à papa qui sortaient du collège... juste de quoi nous payer un paquet de cigarettes. Mais techniquement, c'était ce qu'on appelle aujourd'hui du racket.

Quelques heures plus tard, nous nous retrouvions au commissariat. Les deux gamins étaient allés se plaindre et accompagnés d'agents de police, ils n'eurent pas de mal à nous retrouver tranquillement assis sur un banc en train de fumer ce que notre larcin nous avait permis d'acheter.

Après m'avoir soumis à un interrogatoire poussé, un flic avec une bonne tête de père de famille me fit la morale et me demanda de revenir le lendemain pour signer les paperasses administratives. Si je lui promettais de ne pas recommencer, il n'y aurait pas de suites...

Le lendemain, sans en avoir parlé à « mes vieux », pas fou ! Je me présentai au commissariat.

Le flic auquel j'avais eu affaire la veille me fit patienter un instant, puis m'annonça que j'allais l'accompagner chez le procureur afin d'effectuer les formalités habituelles.

Bizarrement, c'est à fond la caisse et toutes sirènes hurlantes que se fit le trajet jusqu'au palais de justice.

Arrivé sur place, le procureur ne mit pas longtemps à rendre son verdict : incarcération immédiate en vue d'un jugement ultérieur... On ne plaisantait pas à l'époque !

Aujourd'hui, les choses ont évolué... On peut assommer des personnes âgées et sortir libre du commissariat !

J'allais ainsi faire la connaissance de la prison de Nice... que j'allais malheureusement être amené à fréquenter à plusieurs reprises au cours des années suivantes. Voilà comment débute, à quinze ans, la carrière de celui que la société considérera comme un bandit.

J'étais assoiffé d'amour, on m'a abreuvé de haine.

Difficile de dire ce qu'aurait été mon existence future si ce flic ne m'avait pas menti comme il l'a fait, toujours est-il que cet épisode a fait basculer ma vie du mauvais côté. Par la suite, j'ai été victime d'autres mensonges, et chacun d'eux m'a fait descendre une marche de plus dans l'enfer de la délinquance. L'escalier n'a qu'un sens... Toujours vers le bas !

Voyant que je m'enfonçais, je tentais de me révolter, c'était le seul moyen pour moi de m'exprimer et bien sûr, cela ne faisait qu'aggraver les choses.

Qui l'a compris ? Et qui le comprend aujourd'hui au sujet de ces gosses qui n'ont que le « chite » ou le chômage pour horizon ?

Pour avoir pris 1,15 franc aux fils à papa, je fus condamné à un mois de prison ferme. Première grosse bêtise, premier faux pas, première condamnation !

Le sursis ? C'est quoi, ça ? Avoue, m'avait-on dit, la justice en tiendra compte et se montrera clémente...

Ce n'est pas vraiment ce qui s'est passé !

Un mois après, je passais au tribunal...

N'étant pas encore au fait des subtilités de l'appareil judiciaire, je ne savais pas que le mois que j'avais fait en préventive comptait et que le soir même, j'aurais dû être libre, c'est comme au poker, il faut payer pour savoir !

Mon inexpérience allait me coûter très cher. À l'annonce de la décision rendue à mon encontre, un mois ferme, et ignorant que je n'aurais pas à effectuer d'autre peine que celle que je venais de purger, je laissai exploser ma rage et me mis à insulter copieusement le président du tribunal ainsi que le procureur.

Je vous épargne les insultes…

Bien évidemment, ce comportement me valut d'être immédiatement condamné à deux mois de prison, dont un pour insultes à magistrats. Cette fois, il me restait donc bien un mois de prison à tirer !

Très sûr de moi et de mes capacités, je décidai de ne pas faire ce mois de prison. Marrant, non ?

Restait à savoir comment m'y prendre. Quelques jours plus tard, alors que je vaquais à mes occupations, ce qui est beaucoup dire pour quelqu'un qui se trouve en prison, j'entendis des hurlements en provenance des couloirs, dont je ne tardai pas à en apprendre l'origine : un détenu venait de se casser le bras en tombant dans l'escalier et avait été transporté à l'hôpital.

Je ne fus pas long à me dire que l'hôpital, c'est quand même mieux que la prison et alors qu'il me restait trois semaines à tirer, je décidai de me casser une jambe !

Comme dirait un de nos nouveaux prétendants au trône : « BEN VOYONS » !

Le dire, c'est bien, le faire, c'est mieux, il n'y avait plus qu'à trouver comment faire. Quand je dis que c'est mieux, c'est une façon de parler, car se casser une jambe volontairement n'est ni facile ni agréable. Mais je suis du genre tenace et une fois que j'ai quelque chose en tête, je vais au bout, au bout de ma connerie, diront certains… mais ça, vous commencez à le comprendre !

Dans ma cellule, un lit en fer était replié le long du mur auquel il était fixé par un crochet du même genre que celui équipant les persiennes d'une maison. Un tabouret en bois bien massif se trouvait devant ma table.

Je plaçai le tabouret à la verticale du lit et m'assis par terre en posant la jambe droite sur le tabouret, le tout en cisaillement avec le lit, puis je donnai un coup sec au crochet à l'aide d'une balayette...

Du premier coup, le lit bascula lourdement sur ma jambe, à la hauteur du tibia.

Je ne ressentais aucune douleur, à tel point que la seule chose qui me préoccupait, c'était d'avoir raté mon coup et de devoir recommencer. J'eus un doute en voyant ma jambe pliée à angle droit et en voulant me relever, j'eus la confirmation brutale que je ne m'étais pas loupé. Ma première tentative de poser le pied par terre me fit hurler de douleur.

Tibia et péroné cassés nets. Je n'avais pas fait les choses à moitié ! Avant que je ne parte pour la prison de l'hôpital Pasteur, le directeur de la prison de Nice me fit une prédiction qui devait malheureusement se réaliser.

— Toi, on n'a pas fini de te revoir, me lança-t-il !

Je lui avais fait part de mon désir de ne pas faire le mois en cours dans son établissement, malgré toute son hospitalité. J'étais un homme de parole, et je venais d'en faire la démonstration...

Quel con !

La grande évasion...

C'est à la prison de l'hôpital que je fis la connaissance d'un détenu encore plus rebelle que moi, un prisonnier politique de trente-six ans du nom de Roland Perrot.

Lui aussi avait des envies de liberté et envisageait de fausser compagnie à l'administration pénitentiaire. Sachant que je devais être libéré trois semaines plus tard, il me demanda si je pourrais faciliter son évasion une fois que je serais dehors.

Bien évidemment, j'accueillis son discours et sa demande avec beaucoup d'enthousiasme, d'autant qu'il me promettait, une fois qu'il serait évadé, de m'aider à m'en sortir.

Mes trois semaines se passèrent sans problèmes particuliers. Les matons infirmiers étaient gentils avec moi. J'étais le plus jeune détenu et ils me gâtaient en me donnant des desserts supplémentaires. Je sortis de la prison avec un plâtre bourré de lettres remises par les autres détenus, en ayant pour mission de les poster.

J'habitais alors dans un HLM de l'ensemble Pasteur, à tout juste deux cents mètres de l'hôpital, et je passais tous les jours sous les fenêtres de la prison située à l'intérieur de cet établissement afin de ramasser le courrier que Roland me jetait par la fenêtre.

Tous les jours, je postais ses lettres déjà affranchies, jusqu'à ce qu'il me dise « Demain, c'est le grand jour ! Soit à deux heures du matin sous cette fenêtre. »

La nuit suivante, j'étais à l'heure au rendez-vous.

S'étant procuré une lame de scie, sans doute au prix fort auprès d'un maton, il fit ce que tout bon prisonnier se doit de tenter : s'évader !

Pour cela, après avoir scié un barreau de sa fenêtre, il entreprit de descendre du deuxième étage en utilisant un drap en guise de corde.

Par malchance, le drap céda sous son poids, il tomba sur l'appentis en tôle qui se trouvait sous la fenêtre, rebondit et atterrit dans la rue après une chute de quatre ou cinq mètres. Il se reçut sur le talon, qu'il se fractura, ce qui fait que nous étions désormais tous deux éclopés. Nous appuyant l'un sur l'autre, lui boitant à gauche, moi à droite, nous formions un beau duo !

À peine Roland était-il dans la rue que l'alarme fut donnée dans la prison et que les sirènes se mirent à retentir. Instantanément, la voiture qui nous attendait un peu plus loin disparut dans la nuit, nous abandonnant sans nous avoir vus, à notre triste sort...

Une demi-heure plus tard, le quartier était entièrement bouclé par les condés, mais nous n'étions plus là : j'avais réussi à traîner Roland jusque chez l'un de mes copains, à qui j'avais demandé de nous héberger jusqu'à ce que les choses se tassent.

J'étais envahi par un indescriptible sentiment de fierté. Du haut de mes quinze ans, je venais d'aider un homme à s'évader ! Il m'était égal d'avoir bien ou mal agi : l'essentiel pour moi était d'avoir rendu service, de m'être montré utile.

Le lendemain matin, on voyait encore pas mal de flics tourner dans les environs et toutes les voitures étaient contrôlées. Ginette, la sœur de mon hébergeur providentiel, fit un pansement de fortune à mon camarade Roland, et vers dix-sept heures nous nous sommes décidés à tenter une percée. Une trentaine de copains étaient venus à la rescousse avec leurs mobylettes.

Déguisé en fille, Roland prit place à l'arrière de l'une des mobylettes et le groupe traversa les barrages sans aucune difficulté.

J'avais rendez-vous, avenue des Diables bleus, dans un quartier qu'on appelait alors la Cour des Miracles, avec des amis gitans qui devaient nous accompagner à Cannes.

Une fois sur place, Roland téléphona à l'une de ses connaissances, un honorable pharmacien cannois qui faisait partie du réseau. Il vint nous récupérer et, le soir même, nous étions tous deux installés dans une superbe villa du haut pays grassois.

Mon éducation allait commencer...

Je vous passe les détails qui ont fait de moi un jeune homme un peu plus érudit, un peu moins stupide, sachant mieux se conduire en société... Ce ne fut pas chose facile, mais j'avais un maître à la hauteur de la tâche. C'est à lui, et à lui seul que je dois l'éducation que je n'avais pas reçue avant de le rencontrer.

Roland n'était pas impliqué dans des affaires douteuses. Pas de vols, pas de braquages. C'était un prisonnier politique, un militant pacifiste ayant choisi le camp du FLN pendant la guerre d'Algérie. Il s'était retrouvé à la prison de Nice après avoir été condamné pour désertion par un tribunal militaire.

Après avoir passé une soirée délicieuse en compagnie de ses amis, le lendemain, on nous conduisit près d'Uzès, aux environs de Nîmes, dans une vieille ferme à laquelle je pense aujourd'hui encore avec émotion.

C'était la demeure de ses grands-parents, Papé et Mamé, de braves gens que j'ai gardés pour toujours dans mon cœur. J'ai également conservé ce merveilleux souvenir d'un clan soudé, sachant faire preuve d'une solidarité sans faille dans les moments difficiles !

Trois jours après notre arrivée, les gendarmes firent leur apparition. La ferme étant située au bout d'un long chemin dans les terres, nous avions eu le temps de les voir arriver et nous cacher dans la grange, sous un tas de foin. De là où nous étions, nous entendions la grand-mère tenir tête aux forces de la loi.

— Mon petit-fils ? Ne m'en parlez pas, c'est un voyou et la honte de la famille ! Si jamais il pointe son nez ici, comptez sur moi pour vous prévenir !

Brave Mamé. J'en aurais pleuré devant tant d'aplomb, de courage et d'amour. Elle était considérée comme une femme respectable et, n'en demandant pas plus, les gendarmes repartirent comme ils étaient venus.

Cependant, le soir même, ce fut le branle-bas de combat à la ferme. On ne pouvait pas rester là tous les deux, car les gendarmes risquaient de mettre la place sous surveillance. Roland ayant parmi ses connaissances le directeur d'un orphelinat, avec lequel il avait milité pour les mêmes causes, il fut décidé que nous nous séparerions et que je me rendrais à l'orphelinat, situé à proximité, où je serais moniteur pour les enfants. Cela m'effraya un peu, car même si je faisais plus vieux que mon âge, je n'avais tout de même que quinze ans !

Sitôt dit, sitôt fait : dès le lendemain, j'étais arrivé à l'orphelinat Coste de Nîmes, où je devais rester quelques jours sous la protection du directeur.

C'était du moins ce qui était prévu, jusqu'à ce qu'une assistante sociale vienne contrecarrer nos beaux projets !

Je ne compte plus les assistantes sociales que j'ai rencontrées au cours de ma vie et je les déteste, allez savoir pourquoi...

Celle-ci, qui n'était pas plus bête qu'une autre, ne mit pas longtemps à comprendre que quelque chose clochait chez moi et pas seulement en raison du fait que je boitais. Afin d'endormir ses soupçons, le directeur lui expliqua que j'avais fugué de chez mes parents et qu'il m'hébergeait provisoirement, le temps de faire les papiers nécessaires auprès des autorités.

Pendant que le directeur prévenait Roland de ma mésaventure, l'assistante sociale me conduisait dans un « centre pour enfants en difficulté », je pourrais aussi bien dire un centre de détention pour enfants à Uzès. Dès le lendemain, elle vint m'y chercher pour me présenter au juge pour enfants de la ville.

Elle m'expliqua que c'était pour me mettre en règle et me permettre ainsi de rester à Nîmes, où le directeur de l'orphelinat était prêt à me recevoir et à m'aider... Chat échaudé craint l'eau froide, je ne crus pas un mot de ce qu'elle me racontait !

Le juge confirma pourtant son histoire, m'assurant lui aussi qu'il me fallait retourner à Nice, régulariser ma situation et revenir accompagné de ma protectrice ! Mon choix était déjà fait : au premier arrêt du train, je lui fausserais compagnie.

Le lendemain matin, elle vint me chercher pour nous rendre à la gare de Nîmes.

— Deux allers et un retour pour Nice, susurra-t-elle à travers le guichet...

BEN VOYONS ! (Tiens, encore lui ?)

Cependant, la chance était avec moi. Les trains étaient en grève, c'est du moins ce que lui répondit le préposé aux billets.

L'assistante sociale me raccompagna donc à ce qu'il faut bien appeler la prison pour enfants, en me confirmant que nous remettrions ça le lendemain. Si je parle de prison, c'est que la cour était entourée de hauts murs d'enceinte, eux-mêmes surmontés d'un grillage censé empêcher les ballons de se retrouver dans la rue...

J'allais encore dire : « BEN VOYONS »...

Le soir même, vers dix-huit heures, j'eus la surprise de voir se présenter au centre une femme et un homme qui prétendaient être ma sœur et mon beau-frère, alors que je ne les avais évidemment jamais vus.

— Alors Raymond, tu nous en as fait faire du souci, dit la jeune femme en s'adressant à moi. C'est Roland qui va être heureux de te revoir !

46

Pas besoin de me faire un dessin... Roland ne m'avait pas laissé tomber, et m'envoyait du monde pour me sortir de là !

Méfiante, la directrice ne s'en laissa pas conter et, au terme d'interminables palabres, il fut convenu que ma sœur devrait attendre le lendemain pour avoir le droit de m'emmener, le temps que le juge des enfants ait donné son autorisation pour que je retourne à Nice.

— Ce n'est pas grave, prends patience jusqu'à demain, me dit ma sœur à voix haute, paraissant surmonter sa déception. Et en même temps qu'elle m'embrassait, elle me glissait discrètement un bout de papier dans la main.

Lorsque je fus seul, je dépliai le papier, qui m'enjoignait à me débrouiller pour être le soir même à vingt et une heures dans la rue. L'exactitude est la politesse des rois... À neuf heures du soir pétantes, j'étais dans la rue après avoir réussi, grâce à l'aide d'un copain, à escalader le mur et le grillage...

Une voiture m'attendait, avec ma nouvelle sœur au volant ! Heureusement que je n'avais pas à marcher, car ma jambe me faisait de plus en plus mal, il est vrai que je la mettais à rude épreuve et que je venais encore de la malmener en sautant ce mur.

Une heure après, j'étais de retour à la ferme de la Mamé, où le récit de mes dernières aventures, entrecoupé d'éclats de rire, alimenta la soirée !

Cependant, il valait mieux que nous ne restions pas trop longtemps chez Papé et Mamé et deux jours plus tard, nous étions en route pour la Belgique. Des amis du réseau nous attendaient à Charleroi. Le passage de la frontière ne se fit pas sans mal, car nous ne pouvions passer par les endroits autorisés : il nous fallut donc le faire en trouvant à pied un passage non surveillé, perdu en pleine nature.

Roland boitait de plus en plus, moi aussi, et une nuit passée à dormir dans la neige n'arrangea pas notre état. Vers six heures du matin, alors que nous étions enfin en Belgique, dans une ville dont j'ai oublié le nom, Roland alla sonner à la porte d'un médecin. J'étais épuisé, je grelottais, ma jambe me faisait un mal atroce, bref, je n'en pouvais plus. Après des négociations qui me paraissaient ne jamais devoir finir, le médecin accepta enfin de me faire une piqûre pour me soulager.

J'avoue que ce passage est un peu flou dans ma mémoire, car j'étais déjà un peu dans le coaltar avant d'arriver chez le médecin, je ne me souviens même pas de l'histoire que Roland lui avait racontée, après l'avoir tiré du lit, pour lui expliquer notre état et la raison de notre arrivée à cette heure matinale, et, si la piqûre avait eu pour effet d'atténuer la douleur, elle avait aussi eu celui de me faire planer !

Tant bien que mal, nous reprîmes la route en direction de Charleroi, où nous arrivâmes sur le coup de dix heures. Là, nous fûmes accueillis par un pasteur, faisant lui aussi partie du réseau de Roland. Par la suite, mes pérégrinations allaient me conduire à croiser le chemin d'autres pasteurs, comme si mon destin était d'être constamment guidé par des ministres du culte protestant...

Notre destination finale était la Suisse, Lausanne plus précisément, mais encore fallait-il y arriver.

Notre séjour en Belgique dura plus d'un mois. Après plusieurs visites chez le médecin, Roland et moi allions beaucoup mieux. J'ai passé à Charleroi un Noël merveilleux, qui fut peut-être le premier et le dernier beau Noël d'une enfance en train de se terminer. Pour la première fois, je savais à quoi ressemblait le bonheur de moments passés au sein d'une famille...

Les faux papiers étaient prêts. De vrais papiers belges ! Je ne savais pas et ne cherchais pas à comprendre comment Roland pouvait se procurer tout cela sans efforts apparents.

J'étais littéralement hypnotisé par la solidarité dont les gens faisaient preuve autour de nous, apparemment par amitié pour Roland. Grâce à ces gens qui étaient prêts à nous aider, quel qu'en soit le prix, nous pouvions continuer notre route pour la Suisse.

La traversée de l'Allemagne se fit sans peine. Pour la circonstance, on m'avait affublé d'une fausse moustache et d'une paire de lunettes. De loin, je devais faire vingt-deux ans, l'âge de mes nouveaux papiers. Je devais les faire même de près, puisque le douanier qui nous contrôla dans le train n'y vit que du feu.

Une fois arrivé en Suisse, les choses commencèrent à s'arranger pour moi, du moins pour un temps. J'allais devoir fréquenter le gratin de Lausanne, et je dus pour cela apprendre les bonnes manières. J'étais hébergé par le pasteur Buck, un homme compréhensif et rayonnant de sensibilité, qui joua un rôle d'une grande importance dans ma vie.

Peut-être voyait-il en moi le fils qu'il n'avait jamais eu ? Peut-être voyais-je en lui le père que j'aurais tant aimé avoir ? Quoi qu'il en soit, les jours s'écoulaient paisiblement, de réunions mondaines en soirées amicales. Des colonels et d'autres militaires de haut rang étaient invités aux réunions de Roland.

Tout cela était très agréable, trop peut-être. J'ai même failli perdre mon pucelage avec la femme d'un gradé qui, à plus de soixante ans, se serait bien vu déniaiser le garçon d'à peine seize ans que j'étais...

Par timidité ou par trouille, je battis prudemment en retraite, échappant à un détournement de mineur !

Un beau jour, Roland m'annonça qu'il devait partir. Il avait des causes à défendre et des actions à mener, auxquelles il ne voulait pas que je sois mêlé. Il avait fait son devoir en me mettant en sécurité et me promit que nous nous reverrions de temps en temps. Je lui fis des adieux que j'espérais provisoires.

Par l'intermédiaire du pasteur Buck et à l'occasion d'une soirée, je fis la connaissance de Madeleine, la fille de l'un des plus importants pharmaciens de Lausanne. Je fus le premier garçon à lui « rouler une galoche » !

Un petit Français, de deux ans son cadet, avait appris à Madeleine l'art du baiser. On s'embrassait, mais je n'étais pas amoureux de cette fille qui me paraissait beaucoup trop bien pour moi et le lui dis un jour sans ambages, peut-être aurais-je dû faire preuve de plus de délicatesse, mais j'étais jeune et insouciant.

Un soir, alors que je rentrais chez moi, ou plutôt chez le pasteur Buck, ce dernier me convoqua dans son bureau. Il paraissait soucieux.

— Il faut qu'on parle, Raymond, me dit-il d'une voix hésitante. Qu'as-tu fait à Madeleine ?

— À Madeleine ? Mais rien, pourquoi ?

— Elle est à l'hôpital, elle a voulu se suicider aux barbituriques à cause de toi.

Je fus complètement assommé par cette nouvelle. Comment une jeune fille comme Madeleine pouvait-elle s'éprendre de moi, et vouloir se tuer pour l'unique raison que ses sentiments n'étaient pas réciproques ?

Bientôt, ce fut au tour du père de Madeleine de me convoquer. Il me reçut dans une magnifique villa sur les hauteurs de Lausanne. Autour de moi, tout respirait la richesse. Je n'aurais jamais imaginé que tant de belles choses puissent exister et encore moins se trouver rassemblées au même endroit.

Une femme d'intérieur vint nous servir le thé. Moi, Raymond, j'étais en train de boire le thé dans une villa de rêve en Suisse... Tout cela semblait tellement irréel que j'avais l'impression d'observer la scène de l'extérieur.

Le pharmacien ne voulait que le bonheur de sa fille et après m'avoir invité à prendre place dans un fauteuil en face de lui dans un bureau richement décoré, il me fit promettre que j'irai la voir pour la réconforter. De son côté, il m'assura que, si mes intentions étaient d'épouser Madeleine, non seulement il n'y voyait pas d'objection, mais il se chargeait de me trouver une bonne situation et de pourvoir largement aux besoins du futur couple.

Le pasteur Buck avait fait mon éloge auprès de lui – ainsi que Madeleine, à n'en pas douter.

Je me rendis à l'hôpital au chevet de la désespérée, qui allait mieux, et lui expliquai aussi simplement et honnêtement que possible que je n'étais pas amoureux d'elle et que je ne désirais pas l'épouser, quelle que soit la générosité de son père. Elle comprit, ou parut comprendre.

De seize à dix-huit ans, j'ai fréquenté le milieu étudiant de Lausanne. Même si je n'étais pas inscrit à l'université et n'assistais donc pas aux cours, je m'instruisais grâce à des copains qui me les passaient et me les expliquaient afin de parfaire mon savoir. J'avais retrouvé le droit chemin et j'avais l'impression de devenir quelqu'un de bien... Oui, l'impression !

C'est à cette époque que je fis la connaissance de celle qui allait devenir ma première épouse. Quelques semaines auparavant, j'avais repoussé Madeleine, ce fut pour tomber dans les bras de Liliane, commettant ainsi une erreur magistrale, car c'est à partir de cette rencontre que les choses tournèrent vraiment mal pour moi.

Liliane...

Puceau, j'étais, puceau elle m'a eu ! En théorie, je savais tout, mais c'est elle qui me fit découvrir le corps d'une femme, toutes ses subtilités. C'est elle qui m'apprit l'art et la manière du savoir-faire amoureux. J'en étais fou amoureux. Comme quoi la « petite tête » commande bien souvent la grosse...

Elle ne désirait qu'une chose : se marier pour s'échapper de chez ses parents, mais ça, bien entendu, je ne l'ai appris que plus tard ! Le hic, c'est que Madame avait des goûts de luxe que je n'avais pas les moyens de satisfaire.

Qu'importe, j'allais me les donner, ces moyens !

N'avais-je pas un certain savoir-faire en la matière, une certaine expérience ?

Le jour, je travaillais dans une entreprise d'électricité. La nuit, j'allais de cambriolages en cambriolages afin de satisfaire ses plaisirs.

Bonjour les 35 heures ! Enfin, que ne ferait-on pas par amour... J'allais cependant être mal récompensé de mes efforts.

C'est un copain qui me mit la puce à l'oreille par cette petite phrase : « Tu devrais te méfier de ta femme... » Il est curieux de voir comme certaines personnes, que l'on considère comme des amis, semblent prendre plaisir à vous informer de votre infortune conjugale. Plutôt que de compatir en vous apprenant que vous êtes cocu et être le dernier à le savoir, ils paraissent se réjouir de la situation, comme si en fait, ils vous avaient toujours secrètement jalousé et détesté.

Bien évidemment, je ne voulus pas croire un mot de ce qu'il m'avait dit, mais il avait tout de même semé le doute dans mon esprit. Je me mis donc à surveiller ma femme... jusqu'à la surprendre avec l'un de ses amants, un homme d'une quarantaine d'années !

Notre rencontre ne se passa pas très bien pour ce dernier et je pris deux mois de prison pour l'avoir un peu esquinté. Pour la première fois de ma vie, je purgeai cette peine avec joie, ayant le sentiment d'avoir fait ce qu'il fallait et de l'avoir bien fait.

Dans les mois qui suivirent, il y eut d'autres cambriolages, d'autres bagarres...

J'étais retombé à fond dans la délinquance et ce qui devait arriver arriva : lors de mon dernier jugement en Suisse, je fus condamné à cinq ans d'emprisonnement.

Certes, ayant décidé de faire main basse sur le contenu d'un coffre-fort, je ne pouvais pas espérer me voir décerner une médaille, mais cinq ans, ça m'a secoué !

Ce livre n'est pas fait pour décrire mes cambriolages, c'est pourquoi j'en passe les détails...

Les autorités helvétiques ne badinent pas avec l'étranger qui vient commettre des délits sur leur sol et comme dirait l'un de mes amis : Quand il y a vol, il y a délit... et s'il y a des lits, on se couche !

Les cinq ans n'étaient pas tout : comme me l'apprit le directeur de la centrale de Bochuz lors de mon incarcération, une fois ma peine purgée, je serais reconduit à la frontière ! Maintenant que vous commencez à me connaître, vous devez vous douter que je n'allais quand même pas attendre cinq ans pour être reconduit à la frontière. Puisqu'on ne voulait plus de moi en Suisse, j'allais la quitter immédiatement, sans attendre qu'on m'expulse !

Centrale de Bochuz

Bochuz était réputée, et l'est encore, pour être la centrale d'où l'on ne s'évade pas. Personnellement, il a fallu que je m'y reprenne à trois fois pour casser cette réputation.

Pour la petite histoire, une fois arrivé en France, j'ai écrit au directeur de cette centrale en lui demandant de me renvoyer mes affaires. Il me répondit avec humour qu'il n'y voyait pas d'inconvénient et qu'il me serait facilement accordé un sauf-conduit pour que je vienne les chercher moi-même. J'y ai renoncé...

Certains détenus travaillant dans les ateliers, me procurer une lame de scie à métaux ne fut pas la chose la plus difficile. Une nuit, après avoir scié l'un des barreaux de ma fenêtre, je me lançai dans ma première tentative.

J'étais au troisième étage, et descendre le long du mur du bâtiment à l'aide de draps et de couvertures tressés ensemble se fit sans difficulté. En fait, le plus difficile fut de remonter !

Je n'avais en effet pas prévu qu'arriver à un mètre du sol, j'allais voir surgir des molosses surexcités, qui aboyaient furieusement en sautant le long du mur pour essayer de me mordre les mollets.

Il me fallut une demi-heure d'efforts pour regagner ma cellule et je fus presque heureux d'y parvenir, même si un comité de réception m'y attendait de pied ferme...

Bien évidemment, dès le lendemain matin, je dus rendre des comptes au directeur de la prison. J'ouvre une parenthèse pour dire qu'en 1963, les prisons suisses n'avaient rien à voir avec les prisons françaises : on y prônait le respect de l'individu, et le traitement réservé aux prisonniers était humain.

En France, l'est-il à ce jour ?

Au lendemain de ma première évasion, donc, je fus reçu par le directeur, un homme charmant qui me pria de m'asseoir, m'offrit un café et une cigarette et me dit :

— Alors comme ça, vous voulez nous quitter ? Je comprends fort bien votre démarche. Votre rôle est de vous évader, le mien, de vous en empêcher. Je dois vous dire que personne ne s'est encore évadé de Bochuz. Chaque fois que vous essaierez, j'appliquerai le règlement, c'est-à-dire trois mois de cloches !

Je me serais presque cru à une de ces réunions mondaines que Roland organisait. Mais de quelles cloches parlait-il ?

Je ne mis pas longtemps à l'apprendre. Le mitard se trouvait situé juste sous le clocher de l'église de la prison, et toutes les heures... Ding, dong, ding, dong !

À part ça, le mitard était beaucoup plus confortable que toutes les cellules ordinaires que j'avais connues en France. Petite table, lit douillet, W-C intérieurs, douche particulière, repas convenables, pas de fenêtre, mais une ventilation en circuit fermé et, comble du luxe, deux croissants le dimanche ! C'est d'ailleurs ce qui me permettait de me repérer dans le temps. Je n'avais plus qu'à compter les semaines au lieu des jours !

Ma deuxième tentative ne fut pas plus réussie que la première. J'avais pourtant attendu la pluie et même un déluge, pour que les chiens restent à la niche, mais cette fois, c'est la longueur de la tresse des draps qui fut insuffisante. Arrivé au bout, j'étais encore à plus de six mètres du sol, et je n'avais pas envie de risquer une nouvelle fracture. Je dus donc rebrousser chemin et regagner ma cellule.

Le directeur fut aussi courtois que la première fois.

— Je vois que vous êtes du genre têtu, mais je vous ai prévenu : vous ne vous parviendrez pas à vous évader. D'autres ont essayé avant vous, personne n'a réussi ! Vous connaissez le tarif n'est-ce pas ?

Même motif, même punition... Je repartis donc pour un séjour de trois mois sous le clocher, en me demandant si, de trois mois en trois mois je n'allais pas finir ma peine au mitard, rendu complètement sourd par le tintement des cloches...

Enfin libre !

Si mes deux premières tentatives d'évasion ne furent pas couronnées de succès, la troisième fut la bonne ! J'avais attendu une nuit sans lune et pluvieuse. Des éclairs déchiraient l'obscurité, grâce auxquels je devinais, plus que je ne voyais, la direction à prendre.

Cette fois, les chiens étaient à la niche et les draps étaient assez longs. Quant à mon désir de fuite, il était toujours aussi tenace. Pour mener à bien mon entreprise, je n'avais pas oublié de me munir d'un certain équipement qui m'avait été recommandé. Le moment venu, je franchis la fenêtre de ma cellule, descendis le mur et une fois arrivé dans la cour, un manche à balai dans une main, un kilo de sucre et ma corde dans l'autre, je courus vers le mur d'enceinte. J'avais pris la précaution d'emballer le kilo de sucre dans un sac en plastique de peur que son emballage ne soit détrempé par la pluie et ne se déchire.

J'avais fabriqué une corde d'environ six mètres et l'avais attachée à une extrémité du manche à balai. À l'autre bout dudit manche, j'avais attaché une ficelle d'un mètre, elle-même reliée au kilo de sucre, formant ainsi une « balance romaine » : le kilo de sucre devait servir de lest afin de pouvoir envoyer le tout au-dessus du mur, et le manche à balai faire office de grappin.

Après un premier jet manqué, le second fut le bon. Le balai et le sucre avaient franchi le mur d'enceinte, il ne me restait plus qu'à grimper à la corde. Une fois en haut du mur, même opération pour redescendre vers la liberté.

Une fois arrivé de l'autre côté ce n'était pas encore gagné. La centrale de Bochuz était située au beau milieu de la plaine de l'Orbe, et le premier signe de vie civile se trouvait à plus de sept kilomètres.... J'ai couru, couru sans m'arrêter un seul instant.

J'étais parti avec mon droguet, c'est-à-dire l'uniforme que portent les prisonniers. Une veste en toile de jute épaisse et un pantalon de même style. Les chaussures, elles, étaient restées dans la boue. Après mes sept kilomètres de course dans la plaine, je dus emprunter des vêtements dans une villa inhabitée.

Grâce à quelques pièces de monnaie trouvées dans les tiroirs d'une commode, je pus prendre le train jusqu'à Genève. Nous étions en plein hiver, et les vêtements de rechange que j'avais trouvés n'étaient pas du tout adaptés à la saison, mais je n'étais pas en position de faire le difficile. Une fois arrivé à Genève, je décidai d'attendre le soir pour passer la frontière en douce. N'ayant pas assez d'argent pour acheter de quoi me nourrir, je dus attendre de longues heures dans le froid, la faim et la peur de me faire prendre, en me cachant comme je le pouvais.

Étrange ce sentiment de peur qui vous habite lorsque vous êtes pourchassé. Vous avez l'impression que tout le monde vous regarde, que tout le monde sait qui vous êtes ! Ce n'est qu'avec l'expérience que l'on a moins peur, mais aussi que l'on devient moins prudent.

Lorsqu'il fut minuit, d'après mon estimation, car j'avais laissé ma montre au vestiaire de la prison, je me mis en route pour passer la frontière.

Il soufflait un vent glacial, charriant de la pluie mêlée de neige, et j'étais à la fois trempé et frigorifié. Au bout d'une heure de marche dans ces conditions, alors que je traversais péniblement un champ, je me trouvai soudain face à face avec deux gendarmes, situés à une trentaine de mettre de moi et dont les silhouettes, y compris les fusils en bandoulière pointés vers le haut, se détachaient en ombres chinoises sur le ciel éclairé par les lumières d'Annemasse. Manifestement, ils étaient postés sur la frontière séparant la Suisse de la France. Je me trouvais stoppé à quelques dizaines de mètres de mon objectif !

Je me figeai sur place. Je ne distinguais pas leurs visages, mais, compte tenu de la distance, il était impossible qu'ils ne m'aient pas vu. Cependant, ils ne bougeaient pas plus que moi, comme s'ils hésitaient à intervenir. Se pouvait-il qu'ils aient peur, eux aussi ?

Je me mis à adresser au ciel une prière d'autant plus désespérée que je ne croyais guère en l'existence de Dieu. Au bout de plusieurs minutes, les deux gendarmes n'avaient toujours pas changé de position. Mille pensées me passaient par la tête. Que vont-ils faire si je bouge ? M'ont-ils vu ? Qu'attendent-ils pour me tirer dessus ? Pourquoi ne disent-ils rien ?

Je m'efforçais d'analyser la situation aussi calmement que possible. Une chose paraissait certaine, c'est que si j'essayais de m'enfuir en repartant en arrière, non seulement je leur donnais une raison de me tirer dessus, mais je m'éloignais de la frontière que j'étais sur le point de traverser.

Je résolus donc de me rendre aux gendarmes, en espérant pouvoir trouver le moyen de leur fausser compagnie plus tard. En tout cas, j'étais bien décidé à ne pas me laisser raccompagner à Bochuz. Je m'avançai donc vers eux, les bras en l'air, en criant :

— Ne tirez pas, je me rends !

Aucune réaction. Figés par la surprise ou par la peur, les gendarmes me regardaient venir à eux sans réagir.

— Eh, vous entendez, je me rends, répétai-je en continuant à avancer et en criant un peu plus fort.

À peine avais-je fait quelques mètres supplémentaires que je compris ma méprise en me trouvant face à deux petits arbres, que mon imagination et ma peur m'avaient fait prendre pour deux gendarmes.

Je me mis à jurer avant de m'effondrer sous la neige, épuisé et pleurant de rage.

Une fois remis de mes émotions, je me relevai et repartis vers ces lumières blafardes que je devinais à peine, et qui faisaient comme un timide lever de soleil. Apparemment, Annemasse se trouvait au bout du champ... Malheureusement, je dus encore déchanter en étant arrêté par une rivière.

J'envisageai de la longer jusqu'à trouver un pont pour la traverser, mais, craignant de m'éloigner d'Annemasse, je compris que j'allais devoir me résoudre à la traverser. Elle n'était large que de cinq ou six mètres, mais paraissait profonde et par cette température glaciale, n'était guère engageante.

Je n'avais pas vraiment le choix. Je me déshabillai, enroulai mes vêtements en boule autour d'une pierre, que je jetai sur l'autre rive, avant de traverser à la nage. Gelé comme j'étais, l'eau ne me parut finalement pas aussi froide que le craignais.

En revanche, une fois arrivé sur la berge opposée, je me mis à trembler convulsivement, à tel point que j'eus toutes les peines du monde à remettre mes vêtements. Ceux-ci ne m'étaient d'aucun secours contre le froid, car ils étaient trempés, et c'est couvert de linges glacés et qui me collaient à la peau que je repris ma route.

Épuisé, je finis par arriver sur une place de la ville. Des roulottes de gitans s'y trouvaient stationnées tous feux éteints. Je frappai désespérément à la porte de l'une d'elles, sans savoir qu'il était alors quatre heures du matin.

Après avoir tambouriné à plusieurs reprises, je vis enfin la porte s'ouvrir. Une femme d'une cinquantaine d'années me regardait avec étonnement. J'ouvris la bouche pour dire quelque chose, mais mes forces m'abandonnèrent et je m'évanouis.

Je repris connaissance à l'intérieur de la caravane. Il faisait chaud, j'étais entièrement nu et une autre femme que celle qui m'avait ouvert était en train de me frictionner avec une serviette. Mes affaires étaient en train de sécher près d'un poêle à mazout, près duquel un homme assis à une table buvait du café...

Un peu plus tard, devant un petit déjeuner fait de charcuterie et d'œufs au plat, j'expliquai à mes hôtes d'où je venais et où j'avais l'intention de me rendre. Sans me poser beaucoup de questions, ils me donnèrent des vêtements chauds et un peu d'argent. Le soir même, je prenais un train pour Nice, avec une correspondance à Lyon.

Ces gens m'ont sauvé, et je leur voue pour cela une reconnaissance éternelle. Encore merci à vous, mes amis !

Dans le train qui me ramenait au bercail, j'étais à nouveau assailli de pensées. Les autorités suisses allaient-elles donner l'alerte en France ? Comment mes parents adoptifs allaient-ils me recevoir après être restés cinq ans sans nouvelles ? Qu'était devenu Roland ?

J'avais quitté la France à quinze ans, alors que j'étais un enfant, et c'est un jeune homme de vingt ans qui rentrait au pays !

Retour à la case départ

Les HLM Pasteur étaient toujours là. J'hésitai un peu, puis montai les escaliers avant de sonner à la porte. Ma mère adoptive ouvrit.

— Oui... C'est pour quoi ?

— Tu ne me reconnais pas ?

— Ah, c'est toi, fit-elle sans laisser paraître aucune émotion, pas même un peu d'étonnement

Et ce fut tout. Pas une larme, pas une accolade, pas un baiser. Elle me tourna le dos sans rien dire, sans même me faire signe de la suivre, ce que je fis pourtant.

— Antoine ! C'est Raymond, fit-elle d'une voix lasse en entrant dans la salle de séjour.

Il était à table devant sa soupe, une soupe qui était au menu tous les soirs et qu'il préparait lui-même, sachant ne pouvoir compter sur elle pour faire quelque chose de nourrissant. À un moment donné, il en avait eu marre de manger sa soupe de cancanière, comme il disait.

En me voyant, mon père se leva d'un bond, et sa chaise se renversa en arrière. Il courut vers moi et me serra dans ses bras, manifestement fou de joie. Une personne au moins semblait heureuse de me revoir !

Ses yeux semblaient humides, mais ce n'était pas le genre d'homme à pleurer, et encore moins à se montrer en train de pleurer.

Aujourd'hui encore, je me pose la question. Est-ce moi qui n'ai pas su être le petit garçon qu'il aurait voulu que je sois ? Est-ce lui qui n'a pas su me faire comprendre qu'il m'aimait, du moins pas avant de se trouver sur son lit de mort ? J'aurais peut-être dû le comprendre moi-même, mais à vingt ans on ne comprend pas toujours ces choses-là.

Il est certain que s'il m'avait parlé, nous n'aurions pas perdu tout ce temps, et je n'aurais peut-être pas fait certaines des choses que j'ai vécues. C'est en écrivant ces lignes que je regrette certains de mes actes et le fait qu'aucun vrai dialogue n'ait jamais pu s'instaurer entre lui et moi.

Avec le recul, je me rends compte que lui aussi souffrait de la présence de sa femme, ma mère. On ne divorçait pas à cette époque, on subissait ! Il faisait partie de ces hommes trempés par le temps et le travail, un peu bourrus, incapables de montrer le moindre sentiment, et dont la vie ressemble à un chemin de croix.

Quarante ans de bons et loyaux services à l'usine à gaz de Nice et au bout, la grande fierté d'obtenir la médaille du travail.

Quarante ans sans pouvoir se confier à personne, sa seule satisfaction étant d'aller faire sa belote au bistrot du coin, le Moulin Bleu.

Quarante ans de monotonie persistante avec une femme qui ne lui apportait rien. Est-ce donc ça la vie d'un homme ? Boulot, métro, dodo !

Certains sont-ils donc destinés à traverser l'existence sans aucune joie, sans aucun plaisir ?

Pour ma part, je venais de boucler la boucle, en me retrouvant à la case départ, plus vieux de cinq ans.

Durant les semaines qui suivirent les retrouvailles, mes parents se montrèrent plus gentils qu'ils ne l'avaient jamais été. Mon père, surtout, m'exhibait partout comme le fils prodigue qui revient d'un continent lointain.

Mon « vieux » m'emmenait avec lui dans sa tournée des bars du quartier. Il m'achetait mes cigarettes, me payait la momie traditionnelle (un pastis servi dans un petit verre)... C'est qu'il avait grandi le pitchoun !

— C'est mon fils, disait-il à qui voulait l'entendre. C'est mon Raymond qui est revenu !

Il était fier, le paternel. Fier d'avoir retrouvé son fils et de pouvoir se lâcher un peu en faisant la tournée des cafés. Et heureux de pouvoir enfin s'extraire de la maison et d'échapper à la compagnie de sa femme.

Et moi, pauvre de moi, comme dans la chanson de Bécaud... Je commençais à revoir d'anciennes connaissances, et pas les bonnes bien sûr ! Chassez le naturel, il revient au galop...

Pour ce qui est des femmes, en échec amoureux depuis la Suisse, je m'étais juré qu'elles ne seraient plus pour moi qu'un objet de plaisir. Un jour, Giovanni, un copain de travail, me dit :

— Je connais une fille qui aimerait te rencontrer. C'est une super copine et elle m'a dit qu'elle aimerait bien sortir avec toi.

Sacré Giovanni ! Je te dois un grand merci pour m'avoir fait connaître celle qui, aujourd'hui encore, est à mes côtés.

Un soir, après le travail, je m'étais arrêté au banc où tous les copains se réunissaient pour discuter de choses et d'autres. Le smartphone n'existait pas, c'est comme ça qu'on se retrouvait...

Elle était là, devant moi.

Lors des présentations, elle me fit la bise... Éliane était une jeune fille ravissante, un peu enrobée comme je les aime, mais aussi timide que moi. Élevée par sa grand-mère, elle faisait partie de l'ancienne génération, pas trop de maquillage, habillée sobrement d'un pantalon noir et d'un blouson de la même couleur.

Elle me plaisait beaucoup, mais, dans un premier temps, je ne pensais pas construire quoi que ce soit avec elle, je voulais juste m'amuser un peu. J'avais encore à l'esprit la Suissesse dont j'étais en train de divorcer.

Ce premier mariage avait été une erreur de jeunesse, une erreur qui donna naissance à une fille, Corinne. Depuis 1964, je n'ai jamais su ce qu'elle était devenue. J'avoue que, par crainte d'essuyer un échec ou peut-être par lâcheté, je n'ai pas cherché à le savoir. Il faut dire que je n'ai jamais cherché à savoir non plus si elle était bien ma fille, alors que la question pouvait se poser...

Je sortais de plus en plus avec Éliane, « LiLou » pour les intimes. J'avais beau essayer d'être vache, de me dire qu'elle devait payer pour l'autre, en manque d'affection comme je l'étais, j'ai commencé à éprouver des sentiments très forts pour elle. Je glissais vers l'amour, le vrai, celui qui vous fait penser qu'il fait soleil les jours de pluie, ou qu'il fait chaud en plein hiver !

C'est au bout d'un mois de fréquentation seulement que nous décidâmes de nous mettre en ménage chez sa grand-mère, même si cette dernière n'était pas très chaude sur ce coup-là. Nous apprenions à nous connaître, à nous aimer. C'était le grand amour, et j'avais l'impression que les choses commençaient à bien tourner pour moi.

Je m'entendais bien avec le frère d'Éliane, qui avait deux ans de moins que moi. Tellement bien qu'au bout d'un moment, je me mis à lui apprendre les ficelles du métier. Le métier que je connaissais le mieux, celui qu'on n'apprend pas à l'école.

Jusqu'à ce qu'un jour, une séance de travaux pratiques tourne mal. Après avoir volé une voiture et être reparti d'une station-service sans payer l'essence, j'ai tenté d'échapper à un barrage de police. Le tout m'a valu un an de prison ferme. Ça ne rigolait pas à l'époque...

Aujourd'hui je serais resté libre ! Quant au frère d'Éliane, qui était un novice, un « primaire » dans le langage carcéral, il fut condamné à trois mois de prison avec sursis.

Arrêté à Digne, je fus transféré à la prison de Nice quelque temps après. J'étais en pays de connaissance...

En revanche, une fois que je fus en prison, tous les copains me tournèrent le dos. En y réfléchissant, je pense que ce n'est pas le fait d'être en prison qui fait que les amis s'éloignent, mais bien celui d'être fauché !

Bref, tout le monde disparut, sauf Éliane. C'était et c'est aujourd'hui encore ce genre de personne qui est comme le lierre : ne vit et meurt que là où elle s'attache ! Toujours aimante, toujours présente.

Qu'avais-je donc en tête pour ne penser qu'à faire des conneries ? Juste après mon incarcération, Éliane mit au monde notre premier enfant, Christine. Une fille que je ne verrais pas grandir ni mes autres gosses d'ailleurs...

J'étais déchiré entre mon désir réel de fonder une famille et celui de me valoriser auprès de copains qui ne m'apportaient rien. J'avais deux personnalités, l'ange et le démon.

L'ambiance des boîtes, des endroits malfamés, faisait de moi un être puissant : je pouvais y briller grâce à un argent gagné facilement.

Durant ma détention, je m'étais juré qu'après ma libération, je reprendrais le droit chemin, hélas je n'ai pas pu tenir cette résolution. J'avais le statut d'un petit caïd à Nice et j'avais du mal à renoncer à cette espèce de gloire qui faisait que, lorsque j'arrivais quelque part, les abrutis de mon espèce et les filles me témoignaient du respect.

J'ai toujours été à la recherche d'amitiés solides, d'hommes sincères et véritables. D'hommes de parole, capables d'aller en prison ou de se faire tuer par amitié.

On en voit beaucoup dans les films, mais en réalité ils sont très rares et ce n'est pas dans le milieu des petits truands qu'on les trouve.

À Clairvaux, je les ai connus les durs à cuire, ceux qui dehors se faisaient respecter à coups de calibre. Parmi eux, il y avait de vrais hommes. Mais la plupart de ceux qui se faisaient passer pour des durs étaient en réalité des faibles, qui imploraient les matons quand ils étaient punis de cachot !

À l'heure où j'écris ces lignes, j'ai écopé, en plusieurs fois, de treize ans de prison pour les amis... Ceux qui ont la langue longue, ceux qui dehors font trembler tout le monde, mais qui, une fois au poste de police, déballent tout ce qu'ils savent, et même ce qu'ils ne savent pas !

Quand je jette un regard sur le passé, sur l'homme que j'étais alors, il me semble que je traversais la vie sans avoir conscience de ce que je faisais, et surtout sans me rendre compte que je faisais souffrir ceux qui m'aimaient. Je ne voyais pas que mes proches, à commencer par Éliane, enduraient de terribles épreuves à cause de mes conneries.

Je ne pensais qu'à moi et ne désirais qu'une chose : assouvir un étrange besoin de vengeance en défiant la société, en défiant le monde entier. À la longue, j'étais devenu accro aux sensations fortes, à ce jeu consistant à multiplier les coups pour le plaisir de tenir les flics en échec.

De ce jeu on ne sort jamais gagnant. J'en avais déjà fait l'expérience, et pourtant j'avais du mal à le comprendre. Je l'entrevoyais, mais je chassais aussitôt cette idée de ma tête, car elle impliquait de renoncer à la seule chose qui me donnait un éphémère sentiment de puissance, à savoir de parader devant les copains avec de l'argent mal acquis.

Je ne pense pas être né voleur ni avoir contracté la maladie de la malhonnêteté. C'est juste que je suis parti du mauvais pied et qu'ensuite, une chose en a entraîné une autre...

Au fil du temps, ma personnalité s'est forgée en fonction de mes expériences, et ce processus n'a d'ailleurs pas été systématiquement négatif. Ayant été dès mon plus jeune âge livré à moi-même et obligé de me débrouiller pour sortir seul de situations compliquées, je pense, sans fausse modestie, en avoir tiré une certaine ingéniosité, de bonnes capacités d'analyse et beaucoup d'endurance.

Après chaque libération, que fait-on pour réinsérer le détenu que l'on jette sur le trottoir et qui ne sait pas quelle direction prendre ? Qui est là pour essayer de lui faire comprendre ses incartades, ses erreurs ?

Qui le prend en charge ? Qui lui tend la main, et même qui lui dit encore bonjour ?

Si le système mis en place était à la hauteur de l'enjeu, pensez-vous que la courbe de la délinquance soit en perpétuelle augmentation ? Seuls ceux qui nous jugent ont le droit à l'erreur. De plus en plus souvent, des hommes politiques, des préfets, des flics ripoux se trouvent dans la ligne de mire de la justice.

Comment remettre la jeunesse délinquante dans le droit chemin quand on ne donne pas l'exemple soi-même ? Le pire, c'est que la justice n'est pas la même pour tout le monde : quand un col blanc se fait pincer après avoir détourné plusieurs millions, il s'en tire le plus souvent avec du sursis, au pire avec quelques mois de prison effectués dans un quartier VIP.

L'essentiel de la population carcérale est constitué d'enfants de la DDASS, de jeunes issus de l'immigration et dans tous les cas, de milieux défavorisés. Pour eux, dès les premiers écarts, c'est la vraie prison, et le début de l'apprentissage du banditisme.

Mais je m'égare... (Ma haine qui remonte ?)

Pour en revenir à mon histoire, à ma sortie de prison de Nice au bout d'un an, j'étais très heureux de retrouver ma femme et ma fille. J'essayais de calmer mes rancœurs et de rentrer dans le rang, mais j'avais toujours cette soif de vengeance qui grondait en moi.

Je repris rapidement mes coupables activités et quelques mois plus tard, je me retrouvais devant le tribunal. Mes chefs d'inculpation avaient pris du galon.

Le petit voleur de voitures, qui voulait surtout épater les filles, était passé au vol organisé, faux et usage de faux, braquage, escroquerie, proxénétisme, port d'arme...

On monte vite en grade avec les cons de votre espèce !

En passant à des jeux plus dangereux et plus lucratifs, il est plus excitant d'aller braquer un supermarché ou une banque que de se contenter de voler une bagnole, j'étais passé à un niveau supérieur et devenu plus respectable aux yeux de certains, mais en réalité je m'éloignais de plus en plus de l'homme que j'aurais voulu être et de la vie que j'aurais voulu mener auprès de ma famille.

Aujourd'hui, il m'est facile d'analyser froidement ce qu'était mon comportement, de comprendre que j'agissais contre mon propre intérêt, et même d'en rire.

À l'époque, je n'avais évidemment pas cette distance, et il n'était pas question pour moi de m'interroger sur les raisons et les conséquences de mes actes ! C'est pour cette raison que j'écris ce livre. À 15 ou 20 ans, on ne peut comprendre ce que l'on comprend à 50... C'est pour cette raison que je pense que l'on peut sauver des milliers de jeunes gens. Marre de ce carnage !

J'allais cependant avoir l'occasion d'y réfléchir très longuement avec la nouvelle condamnation qui venait de m'être infligée : cinq ans ferme ! Ben oui, je ne jouais plus dans la même cour !

J'ai effectué les deux premières années de ma peine à la prison de la Santé à Paris avant d'être transféré à Nice, puis à Clairvaux...

Enfin, dans le cadre d'un régime de semi-liberté dont j'ai bénéficié pour bonne conduite (tout arrive !), j'ai effectué mes trois derniers mois à Beaune, en Côte-d'Or.

C'est notamment le fait d'avoir effectué l'installation électrique des nouveaux bâtiments de Clairvaux qui m'a valu ma semi-liberté. Pour ce travail, j'ai été payé 40 francs, soit environ, 6 euros par mois, dont je n'ai touché que le tiers pour cantiner, en vertu du système que j'ai expliqué plus haut.

Mon transfert de Clairvaux à Beaune a donné lieu à l'une de ces aberrations dont l'administration pénitentiaire a le secret.

Le jour où j'ai quitté Clairvaux, après avoir rempli les paperasses d'usage en fin de matinée, j'ai eu quartier libre jusqu'à dix-huit heures, c'est-à-dire jusqu'au moment où devait s'effectuer mon transfert. J'en ai profité pour aller marcher un peu en ville et pour aller me prélasser à la terrasse d'un café pour déguster un café, un vrai, pas le jus de chaussette auquel on a droit en prison...

À dix-heures, cette parenthèse de liberté se refermait de façon aussi brutale qu'absurde, au moment où je montais dans le fourgon qui allait m'emmener à Beaune. Je fus menotté aux mains et aux pieds, et encadré de quatre fonctionnaires de police durant tout le trajet. Totalement libre de mes mouvements une heure avant, on estimait à nouveau nécessaire de me traiter comme une bête sauvage, alors qu'il aurait suffi de me payer un billet de train. Cela aurait été à la fois plus logique, plus humain, et plus avantageux pour le contribuable !

Une fois arrivé à Beaune, je me mis à réfléchir sérieusement à ma situation en examinant le passé et en essayant d'imaginer ce que pourrait être l'avenir. Je commençais à en avoir marre. (Il serait temps !)

Marre de croupir en prison, marre d'être séparé de ma femme, qui ne l'était pas encore de manière officielle, puisque nous avons célébré notre mariage à Beaune quelques semaines après ma libération.

Ce sentiment, que j'avais sans doute au fond de moi depuis longtemps sans parvenir à l'exprimer, remontait enfin à la surface. D'un seul coup, je prenais conscience de ce grand vide, de cet immense gâchis qu'avait été ma vie jusqu'à ce moment. En faisant un rapide bilan, je me disais qu'au prix de quelques efforts, je pouvais très bien repartir du bon pied et élever ma famille dignement. Avec un peu de chance, ma vie pouvait reprendre un cours normal.

Mouais... Avec un peu de chance... (Soupirs !)

La chance, j'espérais l'avoir mise de mon côté en passant ces cinq longues années de détention à étudier par correspondance. J'avais mis à profit ce temps mort, alors que la plupart de mes camarades échafaudaient déjà leur prochain coup, celui qu'ils réaliseraient peut-être dans quinze ou vingt ans !

Il faut reconnaître que mon nouvel intérêt pour les études n'était pas complètement désintéressé : en fait, j'ai passé et obtenu trois fois de suite le certificat d'études, ce qui m'a valu trois remises de peine de trois mois chacune...

Je suis convaincu que la chose primordiale qui manque à la prison pour la rendre utile, c'est l'instruction, et que la meilleure des réformes consisterait à rendre l'instruction obligatoire pour tout individu qui entre en détention.

C'était décidé, j'allais faire venir ma femme à mes côtés à Beaune. Retourner à Nice, c'était à coup sûr renouer avec mes anciennes fréquentations et tôt ou tard, « replonger ».

Ces trois mois de semi-liberté se passèrent à merveille. Je travaillais, j'étais estimé de mon employeur.

Ce dernier me fit obtenir un studio, le meubla et m'y installa. Je redevenais un homme libre. Je m'employai à arranger du mieux possible ce qui allait être notre petit nid d'amour et une semaine plus tard, Éliane arrivait avec nos deux enfants.

Sur le quai de la gare, je me rongeais les ongles. J'allais enfin revoir la femme que je n'avais pas vue depuis trois ans, car à Clairvaux je n'avais pas eu de parloir en raison des 700 kilomètres qui séparent Nice de la centrale. Le rapprochement familial, ce n'était pas pour moi...

Le train arriva, et je vis s'approcher Éliane et les enfants. Timidement, comme un gamin qui ne sait pas trop comment s'y prendre avec sa petite amie, j'embrassai ma femme, juste avant de me prendre un coup de massue lorsque mon petit Christian me dit gaiement :

— Moi je te connais, papa, je t'ai vu sur les photos !

J'avais devant moi un petit bout de chou de cinq ans qui me faisait des câlins et qui m'embrassait comme si je l'avais quitté la veille... D'un seul coup, je réalisais à quel point ma famille m'avait manqué et à quel point je lui avais manqué, par exemple en n'étant pas là, durant les plus jeunes années de mes enfants, pour les câliner, pour calmer leurs angoisses, pour les endormir, pour ne pas reproduire ce que j'avais enduré...

Christine, âgée d'un an et demi de plus que son frère, me témoignait encore plus d'affection et ne voulait plus me lâcher. Moi, penaud et n'étant pas habitué à de telles effusions de tendresse, j'essayais maladroitement de les serrer tous les trois dans mes bras en cachant mes larmes, parce qu'un homme qui pleure, ce n'est pas digne...

Quel con je faisais de penser cela, reproduisant ainsi le comportement de mon père adoptif ! Étais-je vraiment incapable d'apporter à mes gosses ce trop-plein d'amour qui débordait de tout mon être ? Était-ce si difficile de se lâcher et de pleurer un bon coup ? Il fallait pourtant que je réalise que j'étais père...

Je venais aussi de passer cinq ans sans échanger un seul baiser, pas même un regard, avec celle qui m'avait attendu patiemment, sans jamais faillir. Cinq ans sans caresser son corps. Cinq longues années passées à me faire du cinéma, à fantasmer, à douter de sa fidélité lorsque j'avais le cafard ou que le courrier avait deux jours de retard. Ce courrier qui est l'oxygène d'un détenu et que certains matons oublient de vous donner !

Cinq ans de ma vie et de la sienne foutus en l'air.

Cinq ans sans profiter de ces petites choses quotidiennes qui font que la vie vaut la peine d'être vécue.

Libre ! Enfin libre !

Oui, mais pour combien de temps ?

Nous sommes restés deux mois dans notre studio de Beaune. Je retrouvais peu à peu les joies simples que j'avais tant espéré connaître un jour. Aller faire des courses dans les grands magasins, boire un café en terrasse, accompagner mes gosses à l'école, toutes ces choses banales qui prennent une grande importance pour celui à qui elles ont manqué.

J'ai épousé Éliane. Ce fut un mariage somptueux de cinq personnes, une par année de galère. Nul besoin de taxi pour nous rendre à la mairie, nous habitions juste en face ! Cette officialisation m'a permis de reconnaître mes enfants, ce qui m'avait été matériellement impossible au cours des cinq années précédentes.

Nous avons acheté une ferme à Corcelles-les-Serrigny, tout près de Beaune, en faisant un emprunt de 50 000 francs de l'époque, et je me suis installé comme électricien... Comme quoi, tout peut arriver !

J'avais une femme aimante, deux magnifiques enfants, du travail à revendre, tout allait bien... trop bien !

Un jour, en arrivant sur un chantier, j'ai trouvé que mes clients n'avaient pas la même tête que d'habitude. Je les sentais gênés et, au bout d'un moment, l'homme finit par me lancer :

— Nous avons bien réfléchi et nous sommes au regret de vous annoncer que nous arrêtons les travaux.

— Ah bon, et pourquoi ?

— Nous n'avions pas prévu un si gros budget pour l'électricité. Nous préférons donc en rester là.

Je ne m'en suis pas trop formalisé, surtout que j'avais fait un devis très avantageux à ce couple de personnes âgées, et qu'en mettant fin à ce chantier, au moins je ne perdrais pas d'argent.

Quand le même scénario s'est reproduit chez un autre client, j'ai commencé à me poser des questions, mais ce n'est qu'à la troisième fois que j'ai compris ce qui m'arrivait, lorsque mon client me l'expliqua.

Un nouveau commissaire venait d'être nommé à Beaune. En prenant connaissance de ses dossiers, il avait découvert qu'un ancien taulard, moi en l'occurrence, s'était » mis au vert » et travaillait à son compte.

D'un naturel serviable, il avait donc entrepris de rendre visite à tous mes clients afin de les instruire de mon passé judiciaire. Le renard perd le poil, mais ne perd pas le vice, leur disait-il !

En fait, il me soupçonnait de repérer les lieux pour mieux y revenir plus tard, cette fois pas pour des travaux d'électricité, mais pour faire main basse sur l'argenterie...

Mon dernier client, qui était banquier à Dijon, me dit :

— Je suis parfaitement satisfait de vos services, mais le commissaire Mateos est venu me voir pour me parler de votre passé. Au vu de vos antécédents, il est plus prudent pour vous comme pour moi que nous en restions là. Vous comprendrez que je ne puisse continuer à vous faire travailler.

— Eh bien en tout cas, je vous remercie pour votre franchise, bredouillai-je tout penaud en réponse.

Bien évidemment, les choses n'en sont pas restées là.

Au fil des jours, je perdais mes clients les uns après les autres. On se serait cru dans le film « *Deux hommes dans la ville* », sorti quelques années plus tard, où l'on voit un inspecteur, joué par Michel Bouquet, harceler un ancien truand incarné par Alain Delon.

Comme dans le film, la situation est vite devenue intenable, car j'avais de moins en moins de travail alors que les traites de mes emprunts, elles, continuaient de tomber. Les banquiers ne connaissent pas la mansuétude !

J'avais des envies de meurtre et si ma femme n'avait pas été là pour m'en dissuader, j'aurais été capable d'entrer dans le commissariat et tirer sur tout ce qui bouge ! Les journaux auraient ensuite raconté qu'un forcené avait fait un carnage, mais personne n'aurait évidemment su ce qui avait poussé cet homme dans ses derniers retranchements.

Éliane était aussi désespérée que moi, et faisait tout pour me dissuader de faire une nouvelle connerie. Écoutant ses conseils, j'ai mis fin à mon activité artisanale et j'ai essayé de me faire embaucher comme électricien.

Malheureusement, les réponses ne variaient guère. Après étude de votre candidature par notre service juridique, nous regrettons de ne pouvoir y donner suite… Manifestement, le commissaire avait pensé à prévenir tout le monde !

Quel choix me restait-il pour continuer à vivre ?

Fallait-il renoncer à la nouvelle vie qui semblait s'ouvrir à moi ? Fallait-il pour cela vendre la ferme et déménager dans une autre région ? Aller pleurer misère aux services sociaux ? En tout cas, je ne me voyais pas aller au commissariat pour déposer plainte contre le commissaire…

Deux semaines plus tard, j'avais renfloué mes finances et je n'avais plus à m'inquiéter pour mes traites. Pour survivre, j'avais fait ce que j'avais à faire : j'étais allé me taper un « jacquot », autrement dit, un coffre-fort ! Si, de nos jours, on trouve surtout des factures et des papiers dans les coffres, à l'époque on pouvait y trouver beaucoup d'argent…

Je dois avouer que la chose, que je n'avais pas pratiquée depuis longtemps, m'avait procuré un certain plaisir. L'ouverture d'un coffre est une chose délicate, ressemblant à une opération chirurgicale, mais le professeur que j'avais eu en la matière était un maître, et moi un élève doué.

François Serrano, si un jour tu me lis, je te salue...

Cet épisode allait constituer un nouveau tournant dans ma vie, car on ne peut exercer ce type d'activité de manière occasionnelle : les techniques évoluant sans cesse, il ne faut pas perdre la main…

Éliane devint folle en comprenant que j'étais en train de replonger. Elle fit tout ce qu'elle put pour me convaincre d'entendre raison. Peine perdue, j'étais reparti à fond dans les conneries !

La Tour d'Argent

J'ouvre ici une parenthèse pour raconter une histoire qui remonte à 1973, celle du casse du célèbre restaurant de la Tour d'Argent à Paris.

Si je révèle cette histoire plutôt qu'une autre, c'est parce qu'elle vaut son pesant d'or. Elle est également révélatrice d'un fait : les journalistes en font parfois un peu trop !

Comme déjà précisé, je ne tiens pas à faire le détail de mes vols et délits, ce n'est pas le but... Je vous raconte cette histoire pour démontrer que parfois un cambriolage impensable est au contraire, d'une facilité déconcertante à faire ! Qui aurait pu l'imaginer ?

Monsieur Bertrand faisait partie de ces personnes à qui l'on accorde généralement sa confiance dès le premier contact. Pourtant, moi qui l'avais connu dans des conditions particulières, je savais que Monsieur Bertrand n'était pas un enfant de chœur. Après sa libération de la centrale de Clairvaux, où il venait de purger huit ans, il aurait dû s'assagir, eh bien non, comme le montre l'anecdote suivante.

Ayant subtilisé un canard en opale lors d'un cambriolage, il alla proposer le fruit de son larcin à un antiquaire de Langres qui, sans être trop regardant sur la provenance de l'objet, mais dont il devait avoir une idée, lui acheta l'objet pour une somme dérisoire. Quelques jours après, alors qu'il passait devant la vitrine du dit commerçant, il vit son canard affiché à un prix exorbitant... Le soir même, il cambriola la boutique pour récupérer son canard, et uniquement son canard, ce qui signait le méfait !

Il faut aussi savoir que Monsieur Bertrand était affligé d'un tic qui le poussait, lorsqu'il parlait, à émettre à intervalle régulier un bruit bizarre avec ses lèvres, comme un pneu qui se dégonfle : pfff...

Pourquoi ai-je accepté de l'accompagner à Paris le soir où il me l'a demandé, alors que son comportement aurait dû m'inciter à la prudence ? Tout simplement parce que j'étais un peu à court de liquidités et que, le personnage étant plus farfelu qu'autre chose, je pensais ne pas risquer grand-chose en participant à son projet.

— Si tu m'accompagnes à Paris, pfff... je te refile 1 500 balles. Tout ce que tu auras à faire, pfff... ce sera de m'attendre dans la bagnole pendant que j'irais casser la Tour d'Argent !

Ben voyons, la Tour d'Argent, l'un des plus célèbres restaurants parisiens ! Et pourquoi pas la Banque de France, tant qu'on y était ? Connaissant l'oiseau, je ne croyais pas un mot de ce qu'il me racontait, et c'est surtout pour m'amuser que j'ai décidé de l'accompagner dans son expédition. Il avait même été convenu qu'Éliane soit du voyage ! Une « petite virée » sur Paris pour 1500 francs, ça valait le coup !

Bref, le jour prévu pour le casse, nous voilà partis tous les trois pour Paris. Une fois sur place, Monsieur Bertrand me demanda de faire le tour du pâté de maisons pour reconnaître les lieux, car il ne se rappelait plus exactement où se situait l'entrée de service.

Ça commençait bien...

Un rapide regard de complicité avec mon épouse la rassura. C'était bien ce que je pensais, tout ça ne pouvait être que du flan !

Après quelques tours dans le quartier, au risque de se faire repérer par le car de CRS stationné en face du restaurant, près du pont de la Tournelle, il me demanda de le déposer dans une rue parallèle et de l'attendre.

— Je n'en ai pas pour longtemps, pfff... je vais jeter un œil et je reviens, me dit-il.

C'est ça, va prendre l'air, pensai-je...

Après une demi-heure d'attente, voilà Monsieur Bertrand de retour.

— Alors ?

— Ben... Ça a changé, depuis le temps, pfff... La porte d'entrée de l'immeuble est fermée, pfff... Tu devrais venir voir, c'est le boxon !

Je commençais à me prendre au jeu, et j'étais curieux de voir jusqu'où il irait dans son délire.

À peine arrivé devant la porte de l'immeuble, je fis le constat qu'elle était munie d'une serrure électrique et qu'un bouton se trouvait placé bien en évidence sur le mur de côté.

— Tu n'as pas vu le bouton ? Le geste accompagnant ma pensée, j'appuyai dessus et la gâche se déclencha.

— Ben non, je n'y comprends rien à ces trucs-là. C'est bon, retourne à la bagnole, pfff... et attends-moi.

Incrédule, je retournai à la voiture pour tenir Éliane informée des exploits de mon associé qui ne savait pas ouvrir une porte. En rigolant, nous nous demandions ce qu'il allait bien pouvoir nous raconter lorsqu'il reviendrait. Il fallut à nouveau une bonne demi-heure avant qu'une des portières s'ouvre pour laisser entrer mon acolyte.

— C'est bon, je suis passé par la cuisine, pfff... J'ai pris quelques trucs au resto et je suis descendu par l'ascenseur privé, mais tout seul, c'est le bordel, pfff... J'ai rempli deux poubelles, mais il y a encore plein de statuettes dans les vitrines, pfff... Tu devrais venir m'aider, je viens d'ouvrir la porte du bas !

Je continuais à rire intérieurement. Une fois que nous serions à nouveau sur place, qu'allait-il inventer ? Que la porte s'était refermée ? Que les poubelles avaient été vidées par les éboueurs ?

Laissant une fois de plus Éliane seule dans la voiture, je refis avec lui le trajet jusqu'à la porte que j'avais ouverte une demi-heure auparavant. Sur le trottoir, juste devant l'immeuble, trônaient deux énormes conteneurs verts.

C'était comme une invite... J'ai soulevé l'un des couvercles, pour le refermer aussitôt à la vue de ce qui s'y trouvait.

Le choc !

Une multitude de statuettes, bibelots et pièces de vaisselle du célèbre restaurant étaient sagement rangés dans les poubelles.

— Traîne pas, bordel ! Suis-moi ! me fit-il.

— Mais où ?

— Dans la boîte, Ducon, pfff... Il y en a encore plein les vitrines !

Dieu sait que j'en avais déjà fait, des conneries, mais là, je tremblais comme une feuille ! J'étais vraiment sous le choc.

Tout en entrant par la porte du hall de l'immeuble donnant dans la boîte de nuit au rez-de-chaussée de la Tour d'Argent, j'essayais de remettre mes idées en place.

N'étais-je pas en train de rêver ?

Comment pouvait-on entrer aussi facilement dans ce lieu, au nez et à la barbe des CRS qui étaient toujours en face du restaurant ? Pourquoi ce temple de la gastronomie, mais aussi des souvenirs de l'Histoire, n'était-il pas mieux surveillé ?

Mais nous étions dans la place et ce n'était pas le moment de se poser des questions, mais d'agir, et vite !

Dans cette salle, des vitrines remplies d'objets d'art nous tendaient les bras...

Des miniatures de soldats, des objets en vermeil, le poudrier de Mme de Pompadour avec un mot dédicacé, une charrette au nom des porteurs d'eau de la ville de Paris, des horloges Louis XIV, des services à thé, toutes sortes d'éléments de vaisselle et même la fourchette d'argent récompensant les qualités de M. Claude Terrail, le propriétaire de l'époque !

Sans parler, bien sûr, de la multitude de pièces que nous étions incapables d'identifier, mais dont la beauté et la valeur sautaient aux yeux...

Je ne mis pas longtemps à me ressaisir et quelques minutes plus tard, deux autres poubelles trouvées dans les lieux, rejoignirent les premières sur le trottoir.

J'étais abasourdi et désolé devant un tel gâchis. Si j'avais cru en Monsieur Bertrand et si j'avais su que la chose serait si facile à réaliser, ce n'est pas quatre poubelles et quelques sacs remplis à la hâte que nous aurions pu emporter, mais un fourgon complet ! C'est beau la franchise, n'est-ce pas ?

Le lendemain, toutes les radios et chaînes de télévision du pays parlaient de notre exploit, expliquant qu'une bande de spécialistes sans doute venus exprès de l'étranger venait de cambrioler la Tour d'Argent.

La vérité, que nous n'étions que trois à connaître, c'est que la Tour d'Argent venait d'être « cassée » par un barjot et un petit malfrat qui l'accompagnait presque par hasard, moi en l'occurrence !

L'affaire ne fut jamais élucidée et je ne fus donc jamais inquiété pour y avoir pris part.

Si mes sources sont bonnes, la Tour d'Argent aurait finalement retrouvé la plus grosse partie de ce cambriolage, que nous avions fourgué à un antiquaire de Langres. Il y aurait à ce sujet beaucoup de choses à dire, notamment au sujet des gens haut placés qui ont trempé dans cette affaire. Il est quand même incroyable que cette affaire n'ait pas eu de suite, alors que presque tout a été récupéré chez un commerçant ayant pignon sur rue !

Un jour, cela fera peut-être l'objet d'un livre tout entier consacré à cette affaire...

Je n'en dirai pas plus sur cet épisode, mon propos n'étant pas de raconter une fois de plus, tous mes cambriolages par le menu, mais de dénoncer les politiques pénales mises en place par tous les gouvernements qui se succèdent : non seulement ces politiques n'ont pas pour effet de faire diminuer la délinquance, mais il est permis de se demander si elles poursuivent réellement cet objectif...

Pour en revenir à mon cas personnel, qu'auriez-vous fait si, comme moi, vous vous étiez trouvé confronté à la haine tenace d'un commissaire, incapable de concevoir qu'un ancien détenu puisse avoir le projet de devenir honnête et de se réinsérer ?

Je ne connais personne qui, dans une telle situation, aurait fait le choix de se laisser crever ! Mes activités illicites étant, par ailleurs, couronnées de succès, je les ai évidemment reprises de plus belle, jusqu'à ce que la chance me quitte.

Un jour, je fus repris en flagrant délit alors que j'étais en train de m'approprier les objets d'art d'un château, auquel je n'avais pas su résister. Non que je fusse un amateur d'art éclairé, mais les vieilles choses se vendent bien dans notre beau pays. Ce ne sont pas les antiquaires véreux qui manquent, et je connaissais bien le réseau local. Pas de travail, démuni, que faire ?

Oui, bien sûr, je vous vois arriver avec vos gros sabots...

Vous allez me dire que si chaque fois qu'une personne se trouve dans la « merde » elle doit aller voler... on ne s'en sortirait plus et les prisons seraient pleines !

Elles sont pleines !

Garde à vue, questionnaire, présentation au procureur et mandat de dépôt... J'étais reparti comme en 14 !

Entre-temps, j'avais eu un troisième enfant, Christophe. Malgré les trois Christ qui vivaient chez moi, Christine, sept ans et demi, Christian, six ans, et Christophe, cinq mois, ma situation ne s'améliorait pas. S'il y a un bon Dieu, il est sacrément indifférent au sort des hommes...

Le pire, c'est que si j'étais certain de me trouver logé, nourri, blanchi, pour plusieurs mois, il en allait tout autrement pour ma femme et mes enfants. Je sais que je ne suis pas exempt de tout reproche, mais il faut comprendre que tout homme agit aussi en fonction de son caractère, et que le mien ne me conduit pas à me soumettre facilement. Au pied du mur, je grimpe, alors que d'autres se seraient suicidés. Et pas question que je me laisse crever de faim à côté d'un panier rempli de pommes, même si elles ne m'appartiennent pas !

Comment nourrir une famille quand on n'a pas d'emploi ? Faut-il aller pleurer aux Restos du cœur (qui n'existaient pas à l'époque) ou au Secours catholique ? Ma façon de faire n'était peut-être pas la meilleure solution, mais c'était ma solution !

Bien sûr que quelque part j'éprouvais un certain plaisir à me confronter à la police et à la justice, je l'avoue.

Bien sûr que personne ne m'a vraiment obligé à commettre des vols, et qu'à ma place, d'autres que moi auraient sans doute recouru à d'autres moyens. Bien sûr...

Si j'ai réagi comme je l'ai fait, c'est parce que mon éducation n'a pas été taillée dans un bloc d'amour, mais dans un bloc de haine, et parce que je n'étais pas en situation d'entendre et encore moins d'accepter de mettre en œuvre les conseils que je pouvais recevoir.

Bouger ou crever ? Moi, j'ai choisi de bouger, et je n'en tire aucune gloire. Libre et révolté par nature, je me devais de procurer à ma famille son pain quotidien...

C'est ce que j'ai fait dans les premiers temps de ma liberté, mais, au fil des mois, l'argent est venu à manquer. Ma femme fut hébergée dans un foyer de jeunes filles en grande difficulté, mes enfants furent placés à la DDASS, et moi je devenais fou en pensant à tout cela en prison. J'avais tout perdu : j'étais séparé de ma femme et de mes enfants, je n'avais plus ni emploi, ni maison, ni voiture, et ça n'allait donc pas être facile de retrouver une vie normale en sortant de prison.

Pourtant, une fois de plus, quelques âmes charitables se trouvèrent sur ma route... c'est à se demander si je n'avais pas un ange gardien !

Un procureur dijonnais hors norme affirma vouloir me faire confiance après avoir entendu mon histoire – j'avais évidemment omis de lui raconter l'épisode de la Tour d'Argent...

— Si vous êtes vraiment décidé à vous en sortir, je vais tout faire pour vous aider, mais attention, à la première incartade, je vous renvoie en prison avec un petit bonus en prime !

Grâce à lui, je pus bénéficier d'une liberté provisoire, j'avais déjà effectué sept mois de préventive. Il me fit embaucher par la société Thomson CFF à Dijon. Personne n'était au courant de ma situation. Vous noterez au passage que, dans le système judiciaire, le mot « liberté » n'est jamais employé seul, c'est toujours une liberté provisoire, une liberté surveillée, une liberté conditionnelle, une liberté sous caution, une semi-liberté ou une liberté probatoire.

J'étais entré dans cet établissement comme régleur sur machine. Deux mois après, je passais contremaître et j'avais sous ma responsabilité une trentaine d'ouvrières. Je recommençais à respirer un peu...

Malheureusement, mon ange gardien ne devait pas être assez puissant ou assez attentif, car une nouvelle catastrophe se profilait déjà à l'horizon.

Serais-je donc né sous une mauvaise étoile ? Il suffit qu'une « bite » s'échappe de Rome pour que tu la reçoives en plein cul à Paris, dirait quelqu'un que je connais !

Un jour, donc, je fus convoqué au bureau du directeur de l'usine. Puisque tout allait bien, je me demandais si ce n'était pas pour m'annoncer une promotion, mais je compris en arrivant chez le directeur que ce n'était pas tout à fait ça.

Dans le bureau, deux flics m'attendaient.

— Nous venons voir comment se passe votre liberté provisoire et surtout si vous tenez vos engagements, me fit l'un d'eux.

Comprenant l'effet qu'allait avoir cette visite, j'entrai instantanément dans une colère noire, et aujourd'hui encore, j'ai des envies de meurtre qui reviennent quand j'y repense.

Une fois que les deux pantins eurent déserté les lieux, le directeur, qui avait tout entendu, me prit à part.

— Nous travaillons pour la défense nationale et pour la NASA. Je ne sais pas comment vous avez pu vous faire embaucher chez nous, mais, malgré toutes vos compétences, je ne peux prendre le risque de vous garder parmi le personnel.

Ces mots me plongèrent dans le désespoir. Quelle solution pouvait-il y avoir pour moi, si on me refusait le droit de travailler ? Combien de temps encore allais-je être victime de ce système de merde, combien de temps allais-je devoir tourner en rond, combien de temps allait-on m'interdire de me réinsérer en m'obligeant à porter une marque d'infamie ? Aurais-je du faire le dernier casse du siècle et m'expatrier avec ma famille ?

J'allais trouver le procureur qui m'avait fait confiance afin de lui expliquer ce qu'il m'était arrivé. Il me promit de faire muter les deux abrutis qui m'avaient rendu visite sur mon lieu de travail. Ah, la belle affaire !

Je n'étais cependant pas au bout de mes ennuis. Un matin, une énorme tuile me tomba dessus, sous la forme d'une visite des flics de l'antigang de Dijon.

J'étais accusé d'avoir commis un braquage avec deux anciens détenus de Clairvaux. Je connaissais l'un des auteurs du braquage, et nous nous étions effectivement rencontrés quelque temps auparavant pour discuter du coup qu'ils envisageaient. Il m'avait même proposé de participer à ce « braquo » qui serait très simple à réaliser, a fortiori pour moi qui avais de l'expérience.

Cela dit, j'avais décliné son offre : je voulais bien risquer quelques mois de prison pour subvenir aux besoins de ma famille, mais plus des années !

Plus tard, une fois présenté au juge d'instruction, je crus comprendre que mon accusateur avait braqué l'Intermarché de Dijon avec deux autres comparses et que, soit pour les couvrir soit parce qu'il ne connaissait pas leurs véritables identités, il avait balancé mon nom et celui d'un collègue, lui aussi innocent.

Il faut également préciser que nous ne nous étions pas quittés en très bons termes, mon « collègue » ayant mal réagi face à mon refus. Il s'était permis d'exprimer son dépit en des termes un peu vifs :

— Je vois ce que c'est, tu te dégonfles ! En fait, t'es pas un homme...

J'avais à mon tour peu apprécié d'être ainsi jugé, et notre rencontre s'était terminée par une bagarre où j'avais eu le dessus... Fallait-il voir dans sa dénonciation calomnieuse un moyen de se venger de moi, ou n'avait-il donné mon nom que parce que les flics lui avaient conseillé de le faire ? Je suis toujours incapable de répondre à cette question...

Pour moi, le problème n'était pas de retourner une fois de plus en prison, à la longue, on s'y habitue hélas, mais le fait d'y être envoyé à tort, par la décision d'un juge qui me croyait coupable juste parce que mon passé ne plaidait pas en ma faveur...

Même s'il est vrai que la lecture de mon casier judiciaire ne pouvait conduire à me décerner la médaille du mérite, il n'en reste pas moins vrai que ce juge aurait dû être impartial et s'interdire de me juger coupable en l'absence de toute preuve.

Deux mois après mon incarcération, mon accusateur se rétracta. Il faut dire que, dans la prison où il se trouvait lui-même, quelques-uns de mes amis l'avaient un peu aidé... Il n'allait même plus en promenade de peur de « tomber dans les escaliers » ! C'est fréquent en prison... Les escaliers sont glissants !

De mon côté, je démontrais qu'à l'heure du braquage, j'étais en train de faire des courses dans une grande surface à plus de 80 km de là. Ma liberté tenait à un misérable ticket de caisse, sur lequel figuraient cependant de précieux renseignements, à savoir la date et l'heure où j'étais passé en caisse, ainsi que les rayons où j'avais fait mes courses.

Interrogé, le directeur de la grande surface a précisé qu'au vu du ticket, j'avais dû rester entre une heure et une heure trente dans son magasin. Je fus également confronté à la caissière, qui me reconnut comme étant l'homme qui avait payé le montant des achats. Grande gueule comme je suis, j'avais plaisanté avec cette dernière, et pour une fois c'était payant !

Elle était catégorique :

— C'est bien ce monsieur qui m'a réglé en chèque ce soir-là. Il m'a même souhaité un joyeux Noël, dit-elle à mon juge bien-aimé... Et c'est bien cette dame qui était avec lui, précisa-t-elle en désignant mon épouse.

Rien n'y fit. Pour M. Joly, juge d'instruction à Dijon, j'étais forcément coupable. Il s'opposa donc à ce que soit prononcé un non-lieu, et il refusa même ma liberté provisoire. Il me convoqua dans son bureau et les pieds sur la table tel un cowboy, il me tint ce discours mémorable :

— Je ne sais pas comment vous avez fait pour être en même temps à Dijon et à Chalon-sur-Saône, mais mon intime conviction me fait penser que vous êtes vraiment l'auteur du braquage. J'ai pris la peine de lire votre dossier. Je sais que vous avez une intelligence au-dessus de la moyenne. Au vu de votre alibi, contrôlé par la police, je dois m'incliner, mais à malin, malin et demi ! Je vais tout de même vous coincer, et voilà comment je vais faire. Compte tenu de sa gravité, cette affaire devrait passer aux assises, mais si je boucle le dossier en ce sens, vous allez être acquitté pour manque de preuve. Je vais donc correctionnaliser cette affaire et lorsque vous passerez en jugement, votre accusateur, qui comme par hasard s'est rétracté, écopera de dix-huit mois de prison tandis que vous et votre deuxième complice serez relaxés. Le procureur fera appel, et finalement vous prendrez tous les trois dix-huit mois ferme !

M. le juge n'avait guère d'intuition, mais, pour ce qui est de la stratégie judiciaire, il était très bon : les choses se déroulèrent exactement comme il me l'avait prédit, et je fus condamné à dix-huit mois de prison pour un braquage que je n'avais pas commis.

Si un jour vous me lisez monsieur Joly, sachez que vous avez fait condamner un innocent. J'ai été puni lourdement sans aucune raison, simplement à cause de mon casier judiciaire !

De son côté, un juge n'est jamais puni quand il se trompe. Est-ce cela, la justice ?

Cela dit, à force de déposer des demandes de liberté provisoire, je vis enfin le parquet accéder à ma requête. Il n'y avait aucune preuve contre moi, mon alibi était en béton et l'autre tordu s'était rétracté.

Je fus donc relâché au bout de sept mois. Sept mois de prison pour rien.

Je reconnais que s'il avait fallu faire les comptes entre les fois où j'avais échappé à la justice et cette unique fois où j'avais été condamné à tort, j'en serais ressorti gagnant, et peut-être était-ce ce raisonnement qui avait incité le juge Joly à faire preuve d'une sévérité hors de propos, mais est-ce ainsi que doit fonctionner la justice ?

Je sortis donc de prison sous le régime de la liberté provisoire, avec trente-cinq francs en poche. De quoi faire la « bamboula » !

Mon épouse commençait à comprendre que je n'avais pas tous les torts, mais ne voulait surtout pas me donner entièrement raison, craignant une réaction violente de ma part.

Elle s'efforçait toujours de me calmer bien qu'elle souffrît également des injustices qui m'étaient infligées. Cette fois, rien n'y fit. La porte du fauve s'était ouverte.

Dans les jours qui suivirent ma libération, je ressentis le besoin d'exprimer mon ressentiment et pour cela, j'emmenai ma femme au palais de justice de Dijon.

Au premier étage, dans un couloir aussi triste que ma vie, juste au-dessus d'une porte tout aussi décrépite que mon existence, un panneau indiquait : « Aide aux détenus libérés ». Une assistante sociale nous reçut.

— Que puis-je pour vous ? demanda-t-elle après nous avoir invités à nous asseoir.

— Je viens de sortir de prison, lui dis-je, en présentant l'horrible billet que l'on vous remet à la sortie et qui vous sert de passeport. J'ai trente-cinq francs en poche, mon épouse est dans un foyer et mes enfants sont placés. Que dois-je faire ?

— Avant toute chose, quel est le nom de l'assistante qui vous suivait à la maison d'arrêt de Dijon ?

— Attendez, madame, je ne suis pas venu vous demander si l'assistante de la prison a bien fait son boulot. C'est d'une aide que j'ai besoin ! Je ne sais pas où dormir ce soir, ce qui n'est sans doute pas votre cas...

Semblant ne pas entendre ce que je lui disais, elle appela la prison et ayant réussi à joindre sa collègue, commença à parler avec elle de tout et de rien, sans jamais évoquer mon cas...

Je réussis à me maîtriser quelques minutes, puis ce fut trop. Je bondis comme un enragé, lui arrachai le téléphone des mains et le jetai à terre avant de crier :

— Je ne suis pas là pour écouter vos conneries avec votre collègue. Ce que je veux, c'est une réponse claire et immédiate, bordel !

— Mais enfin, que voulez-vous que je fasse pour vous ? me répondit-elle avec un sourire narquois.

— Si vous ne pouvez rien faire pour moi, à quoi sert ce putain de panneau accroché au-dessus de votre porte ? À vous donner une rente mensuelle sur mon cul ?

Je criais de plus en plus fort.

Ma femme, elle, était figée sur sa chaise.

— Puisque vous ne savez pas quoi faire pour moi, je vais vous dire ce que je vais faire ! Sitôt sorti d'ici, je vais aller faire un casse, je vais aller VOLER, vous m'entendez ?

— Et vous osez me le dire !

— Oui, j'ose, grosse connasse !

Heureusement que la porte était assez solide, car elle n'a jamais été fermée aussi énergiquement que par moi en partant !

Une semaine plus tard, j'avais de l'argent, un appartement, une voiture, des meubles. Je m'étais débrouillé à ma façon, bien obligé... Voler ou crever ?

Peu de temps après, j'avais même trouvé du travail dans une boulangerie industrielle, comme régleur. Les établissements Mazui à Dijon.

Par précaution, j'avais informé mon employeur de ma situation. Homme compréhensif, il était prêt à m'aider. Il lui arrivait même de me confier beaucoup d'argent pour aller le déposer en banque, et je ne me suis jamais sauvé avec ! Comme quoi, avec un peu de confiance...

À nouveau, la vie reprenait un cours normal. Certes, je devais continuer à rendre des comptes à la justice, en allant pointer toutes les semaines au commissariat de Dijon.

C'est là-bas que j'ai fait la connaissance d'un homme exceptionnel, le commissaire Rollin.

Raymond qui parle d'un homme exceptionnel en parlant d'un flic... Ça alors !

Il ne ressemblait en rien aux flics tordus auxquels j'avais eu affaire jusqu'alors. À la suite de mon arrestation pour le braquage que je n'avais pas commis, il était dans la pièce où ses inspecteurs me questionnaient, et il les avait presque engueulés ce jour-là :

— Dans cette affaire, il va s'en sortir, disait-il. Pas de preuves, pas de Raymond !

Lui en revanche, M. Rollin, ça faisait plus d'un an qu'il me pistait et s'il m'avait « cueilli », j'en prenais pour dix piges ! Ça avait au moins le mérite d'être clair !

C'était un flic rigoureux, mais un homme avant tout. Contrairement à beaucoup d'autres, il n'était pas du genre à profiter de sa position pour vous en faire baver.

La police et la justice auraient bien meilleure réputation si on n'y comptait que des personnes de cette trempe, hélas ce n'est pas le cas et ne doivent pas courir les rues !

Vint le moment pour moi de passer devant le tribunal pour le cambriolage du château. Je fus condamné à dix-huit mois de prison ferme. Comme j'en avais déjà fait sept en préventive, il fut décidé que, puisque j'avais du travail et un logement, je resterais libre le temps que les papiers de la liberté conditionnelle soient prêts.

Deux semaines plus tard, j'étais jugé pour l'affaire du braquage.

Comme l'avait prévu le juge d'instruction, je fus relaxé.

Comme l'avait prévu le juge d'instruction, le procureur fit appel et j'écopai de dix-huit mois ferme, mais je ne fus pas arrêté à la barre.

C'est un après-midi que le commissaire Rollin me fit convoquer.

— Je suis désolé, Raymond, mais la condamnation du braquage devient exécutoire et je dois t'incarcérer. Je ne dis pas que c'est juste, mais je dois le faire.

C'était un jeudi. J'ai tenté de négocier.

— Pouvez-vous me laisser jusqu'à lundi, monsieur le commissaire, afin que je passe au moins ce dernier week-end avec ma femme et mes gosses ?

— C'est ça, fit un inspecteur qui se trouvait là, comme ça on ira te récupérer à Tahiti !

— Je vous jure que je serai là lundi matin. Vous avez ma parole !

— C'est d'accord, tu as jusqu'à lundi matin, me répondit le commissaire, mais pas d'entourloupe, hein ?

— Merci, monsieur le commissaire, vous avez ma parole.

Je ne voulais pas faire cette peine de dix-huit mois. Pour l'affaire du château où j'étais coupable, on me laissait libre. Pour l'affaire du braquage où j'étais innocent, on m'enfermait. Allez comprendre quelque chose ! Je n'aspirais qu'à une chose : mettre des kilomètres entre eux et moi !

Cependant, le lundi matin, j'étais dans le bureau du commissaire avec ma valise. Une parole est sacrée à mes yeux, même si elle est donnée à un flic. Ben oui, j'ai été élevé dans un certain milieu ou la parole donnée avait un sens, ce qui n'est plus le cas aujourd'hui !

Une heure plus tard, j'étais une fois encore à la maison d'arrêt de Dijon, et à peine entré, je me demandais déjà comment faire pour en sortir.

La peine qui m'avait été infligée était une erreur, une erreur que je ne pouvais pas digérer, et je devais absolument trouver une combine pour ne pas faire ces dix-huit mois. Quelques mois après, la solution se présenta d'elle-même.

Mon père adoptif était à l'agonie, et on m'accorda une permission de trois jours pour aller l'accompagner dans ses derniers instants. Je passais deux jours à son chevet, deux jours pénibles où, moitié conscient, moitié inconscient, il me fit part de tout l'amour qu'il me portait, de ses regrets de ne pas avoir divorcé et de ne pas avoir su me parler. Puis il partit et je lui fermai les yeux... Ainsi va la vie !

Comme vous l'aurez deviné, j'ai profité de cette occasion pour ne pas réintégrer la maison d'arrêt. J'en entends déjà certains dire : « On vous fait confiance et vous vous remettez tout seul dans la merde ! »

Mais je n'ai jamais donné ma parole à l'administration pénitentiaire ! Le fait pour moi de ne pas réintégrer la prison signifiait mon refus de la condamnation qui m'avait injustement été infligée. C'était le seul moyen que j'avais pour crier mon innocence.

J'avais réellement et sincèrement désiré me ranger. J'avais cette soif de tranquillité, j'avais envie de faire comme tout le monde et de mener une vie dite normale. Je voulais avoir une femme, des gosses, un foyer, un travail, enfin tout ce qui fait qu'un homme se glisse dans un tiroir, qu'il devient anonyme, sans reliefs et sans aspérités, mais la société en a décidé autrement...

Ce ne sont pas des excuses que je cherche, mais je pense que tout homme qui se respecte se serait sans doute révolté comme je l'ai fait s'il avait confronté aux mêmes injustices. On ne peut pas passer son temps à dire « mea culpa »... Surtout avec mon caractère !

C'est sûr, le plus simple aurait été de n'avoir jamais commencé à faire des conneries. Oui, mais voilà, un homme, ça naît libre. Certes, avant même la naissance, la majorité d'entre nous sont voués à être étiquetés, catalogués, classés, mais je ne fais pas partie de cette majorité. Je crois vraiment que le destin y est pour quelque chose... La vie n'est pas ce torrent impétueux qui glisse gentiment jusqu'à la mer. En chemin, il y a des rochers...

Mauvais départ

Je suis le fruit d'un amour interdit, né parce que deux êtres se sont aimés dans une période tumultueuse, celle de la fin de la Seconde Guerre mondiale.

C'est en mai 1944 que je vis le jour. D'après les dires de ma mère adoptive, qui devenait volubile après quelques verres de vin, il paraît que ma mère biologique était mariée avec un Italien. La situation économique de l'après-guerre l'aurait poussée à aller travailler chez de riches paysans niçois, les Garelli, où l'un des fils de cette famille aurait abusé d'elle. Je fus élevé pendant huit mois dans cette ferme...

Lorsqu'elle reçut un courrier de son mari lui annonçant son retour de la guerre, elle paniqua et demanda à mon père biologique ce qu'il fallait faire, mais il aurait refusé de l'aider. Paniquée, ma mère m'aurait alors déposé à l'assistance publique. C'est en tout cas l'histoire qu'on m'a rapportée. Savoir si elle est vraie, c'est autre chose !

Quoi qu'il en soit, mon départ dans la vie venait d'être faussé ! Je n'étais plus destiné à être classé dans le tiroir des personnes normales, mais dans celui des accidentés de la route !

Si mon vrai père m'avait reconnu, je n'aurais certainement pas vécu la vie que j'ai vécue, et je ne serais pas en train d'écrire ce livre, c'est du moins ce que je pense.

Si j'avais été intégré à cette famille qui est une des plus riches de Nice, j'aurais sans doute fait des études et surtout, j'aurais été aimé et protégé.

Cela a été le cas pour les enfants légitimes de mon vrai père (si c'est bien lui). Ils ont bénéficié de cet amour et de sa protection, avant de finir par reprendre les affaires familiales.

La vérité, c'est que je suis toujours dans le doute, bien que plusieurs éléments me portent à croire que l'histoire racontée par ma mère adoptive est véridique, et que l'un des trois frères Garelli, Jean pour ne pas le nommer, était effectivement mon père.

Récemment, l'une de mes sœurs (du côté de ma mère biologique) m'a contacté. Ayant en sa possession des lettres que mon père adoptif avait écrites à ma tante de sang, elle a fait des recherches par internet et m'a retrouvé. Je sais donc qui est ma vraie mère. Pour mon vrai père, c'est une autre histoire !

J'ai écrit à ma mère, je lui ai téléphoné, mais je ne suis pas encore allé la voir, ce qui ne saurait tarder. Apprendre, au bout de cinquante-neuf ans, que vous avez des frères, des sœurs et une mère, ça ne vous laisse pas indifférent !

Serais-je plus heureux si je faisais partie de cette masse bien-pensante qui traverse la vie sur des rails monotones ? Serais-je plus heureux si, après quarante ans de bons et loyaux services, j'étais maintenant à la retraite ?

Serais-je plus heureux si je n'avais pas connu autant de déboires ? Doit-on absolument avoir la reconnaissance de ses concitoyens pour bien vivre ?

Pour quoi vit-on ? Pour qui vit-on ?

Plus de treize années passées derrière des grilles, cela forge le caractère d'un homme, mais il est possible que cela assèche son cœur. Je serais donc peut-être plus heureux aujourd'hui si je n'avais pas connu le parcours qui a été le mien, du moins n'aurais-je pas autant de rancœur.

Chacun se battant avec ses propres armes, j'ai choisi de me faire respecter à ma façon, mais je ne cherche à convaincre personne que mes choix ont été les bons.

Nouvelle cavale

De cavale en cavale, un jour je fus repris. J'ai réintégré la maison d'arrêt de Dijon, avant d'être transféré à Reims pour d'autres affaires... Ben oui... En cavale, il faut bien vivre !

C'est lors de ma dernière réintégration que les choses évoluèrent. On me fit de nouveau confiance. À croire qu'ils se sentaient un peu fautifs les messieurs d'en haut ! On décida de m'accorder une permission de sortie pour rendre visite à ma femme et à mes gosses qui avaient déménagé pour s'installer à Melun.

L'appartement et toutes ces aides, je les devais à un pasteur qui était mon visiteur de prison à la Santé, le pasteur Bruneton. Depuis, il n'a pas cessé de me suivre et ne m'a jamais laissé tomber.

Lui aussi compatissait à mes misères, mais c'est tout ce qu'il pouvait faire, même s'il a tenté plus d'une fois d'écrire à ces « messieurs » pour plaider ma cause.

Le directeur de la maison d'arrêt de Reims était, lui aussi, un homme à la mentalité de bon père de famille, capable de faire preuve de compréhension. Monsieur Lafranchi, je vous salue ! C'est sur le tard que j'ai rencontré des gens un peu plus humains...

Il tentait de me faire comprendre que même si j'étais innocent dans ce braquage, cela compensait les fois où je n'avais pas été pris... Sur le fond, et en pensant notamment à la Tour d'Argent, je ne pouvais pas lui donner tort, mais sur la forme, je ne pouvais l'accepter !

Toute ma putain de vie je me suis battu pour la forme, pour les principes ! À croire que pour traverser la vie en touriste, il faut mettre son orgueil au vestiaire des vérités. Soyez hypocrites, vous réussirez – c'est ce que font les politiques !

— Bon, écoutez, je vais vous proposer pour une nouvelle perm, me dit un jour notre bon surveillant-chef.

— Je vous remercie, monsieur, mais je préfère refuser.

— Allons, soyez donc raisonnable, il ne vous reste que quelques mois. Par le jeu des grâces et de la liberté conditionnelle, vous êtes pratiquement dehors !

Il ne me crut pas, et insista pour que j'accepte sa proposition. Je l'ai acceptée... et je ne suis pas rentré !

Décidé à quitter la France pour changer d'air, j'ai retrouvé ma femme à Melun. Deux jours après, j'avais loué une voiture à l'aide de faux papiers. J'avais encore des relations !

Je pourrais raconter tout cela dans le détail, mais je n'écris pas ce livre pour me vanter ou pour vous distraire, mais pour essayer de vous faire comprendre que la vie étant ce qu'elle est, on ne choisit pas toujours sa destinée ! Aujourd'hui, je pense que je réagirais autrement, mais à l'époque, j'ai fait avec les moyens du bord !

Le surlendemain, alors que j'étais en train de me raser dans la salle de bain, deux gendarmes sonnèrent à la porte. Ma fille alla ouvrir. Ma femme était à ses côtés.

— Bonjour Madame, nous venons voir si vous savez où se trouve votre mari, car il n'a pas réintégré la prison de Reims.

En entendant le bruit du rasoir électrique, l'un des deux gendarmes, sans doute un peu plus futé que son collègue, s'avança dans le couloir et me vit. En deux temps, trois mouvements, ils m'avaient ceinturé.

Je me mis à me débattre en criant en italien : « Ma cosa vuoi da me ? » (Mais que me voulez-vous ?)

Surpris, un des deux condés demanda à ma femme qui j'étais. N'étant pas née de la dernière pluie, elle leur répondit que j'étais un ami italien et qu'elle ne savait pas où j'étais.

— Je ne sais pas où se trouve mon mari et je m'en fiche, car je suis en train de demander le divorce.

Les gendarmes me relâchèrent et contrôlèrent mes papiers, qui étaient parfaitement en règle... sauf que ce n'étaient pas les miens ! S'ils étaient venus avec ma photo, les choses ne se seraient pas passées de la même manière. Heureusement que de temps à autre, nous bénéficions des failles du système !

Tout en m'habillant, je chantonnais une chanson italienne pour bien enfoncer le clou. Les deux oiseaux durent penser que ma femme s'était vite consolée dans les bras d'un bel Italien (moi, bien sûr), mais leur jugement m'importait peu !

Sacré bout de femme, mon Éliane, elle me faisait penser à la Mamé de Provence, la grand-mère de Roland !

À peine les gendarmes eurent-ils disparu que j'en fis de même. Deux trois bagages dans la voiture, quelques économies que mon épouse avait mises de côté et hop, me voilà en route pour l'Italie.

Je me souvenais qu'un ancien camarade de cellule à Nice y avait monté des boîtes de nuit du côté d'Alba, dans le Piémont, mais je ne connaissais pas son adresse. Le voyage se fit sans trop de difficultés et une fois sur place, après quelques jours de recherche, j'appris que Jo Russo était le propriétaire de la plus grosse boîte de la région.

Quatre mille entrées le samedi soir !

On m'expliqua que Monsieur Jo résidait à Alba et que je pourrais le trouver à l'Orquidéa, un autre de ses établissements nocturnes. Il en possédait sept sur la région alors qu'il avait quitté la France un an auparavant ! Une jolie progression. Il n'avait pas attendu trente ans pour se préparer une belle retraite !

J'obtins enfin le téléphone du cabaret et un rendez-vous me fut proposé. L'homme se méfiait, et de longs palabres avec ses gardes du corps furent nécessaires, mais une fois que j'eus montré patte blanche, il m'accueillit à bras ouverts.

— Raymond ! Mais qu'est-ce que tu viens faire en Italie ?

Je lui expliquai ma situation en quelques phrases et le soir même, je dormais chez lui. Le lendemain, Monsieur Jo me faisait faire la tournée des boutiques.

Il m'habilla de pied en cap. Huit jours plus tard, j'avais aussi un appartement et des meubles, ce qui me permit de dire à mon épouse qu'elle pouvait liquider ses affaires à Reims pour me rejoindre avec les enfants.

Monsieur Jo et moi avions quelques affinités, puisque c'est moi qui lui avais tatoué la verge lorsque nous étions à la maison d'arrêt de Nice. Un magnifique as de pique !

J'étais devenu son garde du corps. Je ne le quittais plus.

J'étais également chargé de surveiller les hôtesses d'accueil qui travaillaient dans l'établissement d'Alba, vingt Françaises chargées de satisfaire les clients du night-club.

Au rez-de-chaussée, un marlou de service devait surveiller les entrées. Une sonnette reliait sa cabine à la salle du cabaret se trouvant au premier étage. Quand les carabiniers faisaient une descente, en quelques secondes le club reprenait un air respectable en faisant disparaître tout ce qui faisait son charme en temps ordinaire.

En effet, les clients étaient accompagnés par nos hôtesses dans de jolis petits box pour déguster du champagne, pendant que d'autres filles montraient leurs atours sur la scène du cabaret.

À la deuxième bouteille ouverte, le client pouvait tirer les rideaux de son box particulier et faire plus ample connaissance avec l'hôtesse… Je vous laisse imaginer la scène.

Au petit matin, il fallait éponger la moquette, tellement les filles avaient renversé du champagne dessus pendant la nuit. C'est une technique bien connue : les filles font boire les clients, mais elles-mêmes boivent très peu, et doivent donc se débarrasser discrètement de ce qui se trouve dans leurs verres !

Ah, si nos viticulteurs champenois savaient que le breuvage qu'ils se donnent tant de mal à élaborer sert à arroser la moquette de certains établissements !

Monsieur Jo se promenait avec un calibre à la ceinture. Les carabiniers d'Alba étaient au courant.

Monsieur Jo faisait de beaux cadeaux au commandant de ces derniers, ainsi qu'au procureur.

Monsieur Jo était un homme respecté, et par voie de conséquence, je le devenais moi aussi.

Un soir, il me dit :

— Prends une bonne bouteille de whisky, nous allons rendre visite à mon filleul.

Je n'avais pas pour habitude de poser des questions, mais là, j'étais quelque peu intrigué.

— On va où ?

— À la prison d'Alba.

— Où ? J'en avais le souffle coupé.

— Ne t'inquiète pas, on va rendre visite à mon filleul.

En effet, quelques minutes plus tard, nous étions introduits dans le bureau du directeur de la prison. Il était une heure du matin ! Un gardien alla réveiller le filleul de Monsieur Jo et c'est autour d'un plat de spaghettis que la visite eut lieu.

Cette histoire paraît incroyable, et pourtant elle est bien réelle !

Bruno, le filleul bidon, s'amusait avec le 11.43 de son padrino, chargeant et déchargeant l'arme sous les yeux amusés du directeur et des deux gardiens.

Je n'étais pas au bout de mes surprises !

Un jour, alors que moi aussi j'étais armé, la police fit irruption dans la boîte. On me demanda mes papiers et on trouva que, pour un Italien, je parlais comme une vache espagnole ce qui était censé être ma langue maternelle. Ils me fouillèrent et trouvèrent le calibre.

— Cos'è questo ? (C'est quoi, ça ?) me demanda l'un deux.

J'étais bien embarrassé pour répondre, mais je n'eus pas à le faire, car déjà Monsieur Jo s'interposait :

— C'est un ami. Il est Italien, mais a toujours vécu en France. S'il est armé, c'est parce que sa profession l'exige : il représente une grosse boîte française de bijoux. Il n'est là que pour quelques jours et il habite chez moi.

Ils me rendirent l'arme en s'excusant !

Une autre fois, alors que je transportais des marchandises parmi lesquelles se trouvait un paquet contenant de l'herbe, je me fis arrêter lors d'un contrôle routier. Fouille en règle de la voiture et...

— Cosa c'è in questo pacchetto ? (Il y a quoi dans ce paquet), me demanda un carabinier.

Il s'agissait du paquet douteux, évidemment. Dans un Italien pas piqué des hannetons, je lui expliquai que je ne savais pas, mais que Monsieur Jo m'avait demandé de lui apporter ce colis.

Monsieur Jo. J'avais manifestement trouvé le mot de passe, car le carabinier me rendit immédiatement le paquet en faisant des yeux de merlan frit.

— Vai aventi, vai !

Je pouvais circuler... Merveilleux pays italien, merveilleuse époque où beaucoup de choses pouvaient se monnayer avec des cadeaux et une certaine réputation !

Un jour, un client de la boîte de nuit d'Alba tomba amoureux de l'une des protégées de Monsieur Jo. Bien mal lui en prit lorsqu'elle disparut avec lui ! Monsieur Jo mit ses enquêteurs sur la piste, ce qui nous permit d'apprendre que la donzelle coulait des jours paisibles avec son amoureux en Sardaigne.

Illico presto, Monsieur Jo et moi mettions le cap sur la Sardaigne et par un bel après-midi, nous accostions notre client à la terrasse d'un café. La discussion devenait rapidement houleuse et devant la réticence de notre interlocuteur à admettre les faits, j'étais obligé d'employer la manière forte pour le faire entrer dans la voiture.

C'est en pleine montagne et après une discussion musclée qu'il finit par reconnaître son méfait. La fille réintégra le bercail avec une sévère correction. Tout est dans l'art et la manière de parler aux gens !

Hélas, en Sardaigne, Monsieur Jo ne se trouvait pas en pays conquis. Le client porta plainte et mon ami dû se mettre quelque temps au vert en Suisse, juste le temps nécessaire pour que des amis à lui puissent « convaincre » le client de retirer sa plainte.

Pour ma part, je dus également aller me planquer ailleurs, car le Français avait été repéré ! C'est beaucoup plus tard, une fois de retour en France, que j'appris que j'avais été condamné par contumace à sept ans de prison pour kidnapping avec voie de fait. Je ne fis jamais cette peine et je ne m'en plains pas, il est juste que les choses s'équilibrent entre les peines infligées pour des actes qu'on n'a pas commis et l'absence de peine pour des actes qu'on a commis...

Un mort, vivant !

Un jour, ma femme apprit par les journaux italiens que je venais d'être abattu devant un restaurant de Turin : « *Un règlement de compte vient de se solder par la mort d'un Français répondant au nom de Raymond Rainart* », titrait l'article d'un quotidien.

En fait, alors que j'étais en cavale à Turin en compagnie d'un voyou notoire de cette ville, nous fûmes arrêtés lors d'un contrôle de routine – c'était à l'époque des Brigades rouges.

Après quelques heures de vérification effectuées au poste de police, ils relâchèrent mon collègue en lui remettant par erreur un document m'appartenant, à savoir une vieille carte d'artisan que j'avais conservée depuis la France.

Quand le copain fut exécuté deux heures plus tard par une bande rivale, les flics ne trouvèrent sur lui que ce document et sans chercher très loin, l'identifièrent comme étant Raymond Rainart.

J'avais moi aussi été relâché, n'étant pas encore recherché pour l'affaire du kidnapping, et c'est seulement trois jours plus tard, en téléphonant à mon épouse, que j'appris cette histoire.

Ce n'est pas tous les jours qu'on a un mort au bout du fil !

— C'est vraiment toi, Raymond ? me fit Éliane en sanglotant.

— Ben oui, pourquoi ?

— Je pensais que tu étais mort !

Elle me fit part de l'annonce de mon décès dans le journal.

Après cette histoire, Monsieur Jo devint très distant avec moi. Ayant beaucoup à perdre, il voulait éviter de compromettre les bonnes relations qu'il avait jusqu'à présent entretenues avec les autorités locales, et pour cela se faire un peu oublier... De ce fait, il voulait aussi que je l'oublie, et fit bientôt en sorte que je ne puisse plus le joindre, ni par téléphone ni par aucun autre moyen. Ses fils, qui étaient désormais à la tête d'autres boîtes de nuit, faisaient eux aussi mine de ne plus me connaître. En quelques jours, j'étais devenu un illustre inconnu aux yeux de mes anciens amis... Comme quoi, c'est beau les voyous... Les amis !

Privé de toutes ressources financières, je mis une nouvelle fois mon expérience à profit pour subvenir aux besoins de ma famille, et je finis par me faire prendre en Italie pour un cambriolage.

Le tribunal de Turin me mit le marché en main : soit je faisais un an de prison dans ce beau pays, une peine à laquelle s'ajouterait, je le savais, celle que me vaudrait l'affaire du kidnapping, soit j'acceptais l'expulsion dans l'heure.

J'aurais facilement pu m'échapper de ce tribunal, et j'en avais bien envie, mais ma femme en avait marre de ces chasses à l'homme qui n'en finissaient pas.

— Je n'en peux plus, Raymond, accepte l'expulsion, termine ta peine en France et finissons-en !

Moi aussi, je commençais à me lasser de cette vie de cavale, de traque, de pouvoir rarement dormir plus de quelques nuits au même endroit, d'avoir à regarder en permanence derrière moi, de voir mes gosses grandir par intermittence.

Mais en France, les compteurs judiciaires seraient-ils remis à zéro ?

Quelle vie allait m'attendre ? Il faudrait d'abord finir la peine correspondant au braquage, 18 mois, plus une petite rallonge pour évasion, et après ? Allais-je devoir me résigner à faire dix-huit mois pour un braquage que je n'avais pas commis ?

J'acceptai finalement d'être renvoyé en France, mais au fond de moi je n'étais toujours pas résigné à terminer ces fameux dix-huit mois... Je fus raccompagné à la frontière, remis aux autorités françaises et ramené à Reims pour y terminer ma peine.

Mon épouse réintégra la France avec nos enfants avec l'aide d'une assistante sociale...

Deux mois plus tard, à la faveur d'une permission, je m'évadais à nouveau pour aller m'installer sur les hauteurs de Nice, dans une villa que le beau-père de ma femme nous avait dénichée.

Par entêtement et par fierté, je ne pouvais me résoudre à accepter ces dix-huit mois. Cependant, je ne voulais plus faire de conneries. Tentant le tout pour le tout, je m'installai comme électricien sous ma véritable identité. Je ne voulais plus me cacher !

Certes, je n'avais pas poussé le vice à aller me faire enregistrer à la chambre des métiers, mais je faisais comme si cette formalité était remplie.

J'étais toujours en cavale, mais je fréquentais tout le monde et je buvais même des coups avec les gendarmes de Roquestéron, un petit village de l'arrière-pays niçois ! Après cela, étonnons-nous qu'un Corse appelé Colonna soit resté quatre ans dans la nature, tout près de chez lui !

Un voisin, ancien commandant de gendarmerie en qui j'avais toute confiance et auquel je m'étais confié, me promit de tout faire pour m'aider. Il m'obtint un rendez-vous avec le maire de Nice, Jacques Médecin.

Je ne voulais pas me rendre à ce rendez-vous, car je me disais que le maire de Nice, en tant que premier magistrat, pouvait me faire arrêter sur l'heure. Pris entre la peur de le rencontrer et mon réel désir d'en finir, je décidai finalement de tenter ma chance.

Le jour venu, après m'avoir écouté pendant plus d'une heure, Jacques Médecin me dit : « Je vais voir ce que je peux faire avec le garde des Sceaux, que je connais personnellement. En attendant, restez tranquille et faites-vous oublier. Je vous tiens au courant. »

Quelque temps après, il me fit savoir que le garde des Sceaux qu'il connaissait avait changé de poste et qu'il ne pouvait plus rien faire pour moi. La chance n'était toujours pas avec moi... En tout, on peut dire beaucoup de choses sur Jacques Médecin, pour moi il reste un homme !

Un an après, lors d'un banal contrôle routier, le pot aux roses fut découvert. Les gendarmes de Roquestéron n'en revenaient pas. Voilà plus d'un an qu'ils buvaient des coups avec un homme recherché ! Mieux, j'allais même chez le commandant faire des travaux d'électricité !

Je fus remis en liberté conditionnelle deux mois après, l'enquête qui fut faite ayant joué en ma faveur. J'avais démontré que je pouvais vivre comme tout le monde, comme un gentil petit mouton enfin docile !

Je dois cette mise en liberté à une assistante sociale, celle qui a aidé ma femme à revenir en France, une vraie, une qui faisait vraiment son métier plutôt que d'agir comme une garce au service des condés ! Elle savait que j'étais en cavale, comprit mon entêtement idiot à refuser cette peine, mais ne me fit jamais aucune remarque à ce sujet, préférant travailler dans l'ombre afin de trouver des solutions à mon problème.

Je dois également une fière chandelle au commandant de gendarmerie cité plus haut, qui a rédigé pour moi un rapport très élogieux. Heureusement qu'il existe des gens compréhensifs et humains, dommage qu'ils soient si rares !

C'était en 1978. Depuis, la justice n'a (pratiquement) plus jamais entendu parler de moi...

La situation serait-elle si différente aujourd'hui pour quelqu'un qui serait pris dans l'engrenage infernal où je suis moi-même resté si longtemps ? Comment s'extirper d'une telle situation ?

Il faut beaucoup de volonté certes, mais cela ne suffit pas. Si vous ne tombez pas sur des personnes compréhensives capables de faire fi de votre passé, la chose devient pratiquement impossible ! La réinsertion d'un jeune ne peut se faire qu'avec certains ingrédients, que la justice ne connaît malheureusement pas : compréhension, confiance et amour !

Je sais, je me répète, pourtant c'est vrai !

Les choses ont évolué, me direz-vous. Personnellement, je n'en suis pas si sûr lorsque j'écoute la radio ou que je regarde la télévision, et j'en viens même à me demander si la société souhaite vraiment que ça change.

On compte 70 % d'illettrés à la prison des Baumettes à Marseille, et combien ailleurs ? La France devient une machine à fabriquer des voyous, avec les mauvais exemples qui viennent d'en haut.

On construit de plus en plus de prisons tandis qu'il y a de moins en moins d'éducateurs. On embauche des flics à tout va plutôt que de donner à nos jeunes une éducation civique. Comment peut-on concevoir des zones de non-droit ?

Comment peut-on accepter qu'une bande de jeunes, habitants des cités, interdisent l'entrée de ces dernières à la police ? Comment peut-on accepter que des commissariats se fassent mitrailler et incendier ?

· Si notre gouvernement est incapable d'arrêter ces troubles, souhaitons qu'il n'y ait plus de guerre en France, car nous serions mal barrés !

L'insécurité des Français, parlons-en… Croyez-vous, messieurs d'en haut, que vous ferez bouger les choses en appliquant vos méthodes ? En mettant fin aux injustices que vous favorisez, vous auriez moins de délinquance, et peut-être même moins de terrorisme !

En 2005, au lendemain du NON massif exprimé par les Français dans le cadre du référendum sur le traité établissant une constitution pour l'Europe, je me suis bien marré en regardant la télévision : on aurait cru que vous découvriez d'un seul coup le malaise français.

106

« Nous vous avons entendus ! » avez-vous clamé comme vous le faites souvent... Mais qu'est-ce qui a changé ? Cela fait plus de quarante ans que vous nous enfumez avec vos promesses à la con ! La voilà, la vérité ! Les révolutions ne naissent pas toutes seules !

À semer la haine, que pensez-vous récolter ? On encapsule des centaines de milliers de familles venues de divers horizons dans des cités-dortoirs. On ne s'en occupe pas, on laisse se développer la rancœur, et un beau matin, on s'aperçoit que la situation est devenue incontrôlable !

Lorsque les prisons s'agitent, on commence à dire qu'il faudrait faire ceci et cela... Quelle hypocrisie ! Quand j'étais incarcéré, nous savions huit jours à l'avance qu'un haut fonctionnaire allait nous rendre visite... Branle-bas de combat ! La prison reprenait un air de jeunesse : peinture des portes, dératisation en règle, lavage des coursives, nettoyage des vitres. Vite, un coup de pinceau par-ci, un coup de serpillière par-là, vite, vite, un MONSIEUR DU GOUVERNEMENT vient nous voir !

Pourquoi les ministres chargés de la question ne feraient-ils pas des descentes impromptues dans nos prisons ? Ont-ils peur à ce point d'y découvrir l'horrible vérité ? Pourquoi ne pas leur faire partager notre sort pendant quelques jours, juste pour connaître leur réaction à chaud ?

Nous sommes encore sous l'emprise de règlements administratifs qui datent de Napoléon, tout comme notre code pénal !

Eh, la France d'en haut, vous ne vous demandez jamais comment va la France d'en bas ?

Eh, Monsieur le ministre de l'Intérieur, embauchez des éducateurs à la place des flics, ça ira beaucoup mieux dans les banlieues !

Autrefois, un père de famille pouvait élever sa famille dignement. Aujourd'hui, au nom de la liberté de la femme, on impose à celle-ci de travailler pour qu'un double salaire permette au couple de survivre.

Pendant ce temps, les gosses sont dans la rue, pardon, certains gosses, car les autres, les nantis, iront grossir le rang des incapables qui nous gouvernent aujourd'hui !

Les ministres augmentent leur rémunération de 70 % pendant qu'on réduit les sommes allouées aux défavorisés ! Pas étonnant que les places au Gouvernement soient tant convoitées !

Nos ministres touchent 8 000 euros mensuels pendant que certaines catégories sociales n'en perçoivent que 400 ! Comble de l'ironie, c'est eux qui nous demandent de faire de gros sacrifices !

Et si aujourd'hui, ils nous demandent de voter pour l'Europe, c'est dans l'espoir d'abandonner leurs places en France au profit de celles, encore mieux payées, qui les attendent au Parlement européen !

Pourquoi fait-on en sorte que la France reste un pays d'assistés ? Pour mieux nous contrôler ? Pour mieux faire taire la colère grandissante ? Pour mieux nous soumettre ?

Je ne suis pas le seul à penser de la sorte : les Français en ont marre, Messieurs d'en haut ! Méfiez-vous, le peuple va finir par laisser éclater sa colère !

À vous entendre, la France va bien. Nous avons 3000 milliards d'euros de dette, mais tout va bien. En réalité, si vous dites cela, c'est parce que ce ne sont pas ceux qui créent les gouffres financiers qui les paieront !

Ce ne sera pas nous non plus, mais les enfants de nos enfants, à moins que d'ici là... Badaboum !

Une bonne guerre et ça repart ! D'ailleurs, les guerres ne sont-elles pas faites pour rendre les riches encore plus riches ? C'est dans ces moments-là que se sont faites les plus grandes fortunes !

Qui veut stopper la délinquance en France ? Ceux qui s'enrichissent sur notre dos ? Ceux qui ont les bonnes places et qui se battent comme des chiffonniers pour les conserver ? Ceux qui détournent des milliards et qui nous font la morale ? Ceux qui remplissent nos prisons en nous faisant croire que la République fait son travail ?

Actuellement le maître mot est : TAXER... Tout est bon pour taxer, taxer et encore taxer ! Si au moins ce pognon servait à quelque chose ! Ne vous étonnez pas que notre jeunesse veuille à son tour vous taxer !

En réalité, les grands de ce monde se foutent éperdument de nos misérables existences. En 2003, lors du débat sur l'euthanasie suscité par le décès de Vincent Humbert et la parution de son livre « *Je vous demande le droit de mourir* », le Premier ministre de l'époque, Jean-Pierre Raffarin, a déclaré : « La vie n'appartient pas aux politiques. »

Si la vie ne vous appartient pas, pourquoi vouloir nous empêcher de mourir avec vos lois sur le tabac, l'alcool, la ceinture de sécurité, la vitesse ? Demandez à ceux qui établissent vos discours de bien peser leurs mots avant de les donner en pâture aux médias. À défaut, vous risquez l'effet boomerang !

Depuis quelque temps, on voit apparaître un slogan sur nos paquets de cigarettes : FUMER TUE ! À quand les affiches sur nos voitures : ROULER TUE ! Et sur nos bouteilles d'alcool : BOIRE TUE !

À ce rythme-là, on va bientôt demander aux hommes de porter un mini compteur sous ses parties génitales afin de contrôler le nombre de rapports par semaine qu'il aura fait ! 3 « baises » ? 135 € d'amende !

Désire-t-on réellement réduire la mortalité en France ? Il suffirait pour cela d'obliger la SEITA, nos constructeurs automobiles et nos vignerons à fermer boutique. Mais non, il y a trop de profits à réaliser... sauf qu'on se demande où va cet argent, puisque les caisses sont toujours vides !

Il ne faut pas oublier que l'État, c'est nous ! La drogue est interdite en France, mais pas les jeux d'argent ! Que dire d'un État qui taxe les prostituées, alors que la prostitution est interdite ? Que dire des voitures conçues pour rouler à plus de 200 à l'heure, alors que nous devons respecter le 130 sur autoroute ? Il est vrai que la loi ne doit pas être la même pour tout le monde, puisqu'on apprend régulièrement que tel ou tel ministre s'est fait prendre en train de rouler à une vitesse phénoménale !

Faites ce que je te dis, pas ce que je fais, voilà votre devise, messieurs les politiques ! Pendant ce temps, nos gosses de banlieue écoutent, voient et subissent !

Trafiquez autant que vous le voulez, mais ayez au moins la décence et la pudeur de faire en sorte que nous ne le sachions pas !

Vous trouvez mes propos attentatoires ? Vous pensez que je vais trop loin ? Ce n'est rien à côté de ce qui risque d'arriver. Les Français en ont marre, et demain ils seront encore dans la rue pour vous dire que vous n'êtes que des épouvantails dont les oiseaux n'ont plus peur !

Tout est mis en œuvre pour nous endormir, notamment à la télé. Où sont les bonnes vieilles émissions où l'on discutait de choses sérieuses ? Aujourd'hui, il n'y a plus que des programmes qui nous prennent pour des débiles, qui anéantissent notre pouvoir de penser, qui nous infantilisent !

À part certaines émissions comme « *Tout le monde en parle* » ou « *Salut les terriens,* » où Thierry Ardisson dit encore tout haut ce que les gens pensent tout bas, le reste n'est que de la poudre aux yeux. On nous endort ! Peuple de France, quand vas-tu te réveiller ?

Vous verrez qu'avec le temps, la télé sera de plus en plus monopolisée par les grandes fortunes... Elle deviendra l'arme du Gouvernement pour mieux nous contrôler et nous asservir !

J'ose encore espérer que le peuple aura un sursaut d'orgueil ou de lucidité pour aller dans la rue crier son mécontentement... même si l'on sait que depuis plus de quarante ans, rien ne change !

Pour ma part, je suis devenu un bon père de famille.

Certes, je n'ai pas une vie réglée sur l'horloge du village, puisque dans mon village il n'y a ni clocher ni horloge, et mon passé revient de temps en temps me rappeler que je ne serai jamais comme tout le monde.

C'est mon caractère qu'il faudrait changer, mais faut-il encore y croire ?

Le Clos d'Alary

En 1987, je fis la connaissance d'une personne qui me proposa une association pour ouvrir un restaurant à Andon, dans l'arrière-pays niçois. Ma femme y ferait la cuisine, moi le service. Pendant plus de quatre mois, je me donnai à fond pour faire d'une vieille étable un restaurant prisé dans toute la région.

Et ça a marché ! L'inauguration du Clos d'Alary fut un grand moment. Les élus étaient au rendez-vous, alléchés par la perspective d'un bon repas gratuit. Le chef de la gendarmerie d'Andon me connaissait, et savait tout de mon passé. Le maire, M. Perrimond, mangeait également à ma table, il était comme chez lui. Cent trente couverts le dimanche – nous ne savions plus où donner de la tête !

Les élections allaient arriver, et c'est en apprenant que je ne pouvais pas voter, faisant l'objet d'une interdiction des droits civiques, que le maire changea soudainement d'attitude à mon égard. Mon associé de fait (nous n'avions pas encore signé les papiers) se rangea de son côté. Le restaurant était lancé, il n'avait plus besoin de moi. En quelques jours, je devins le pestiféré du village.

Allons donc, j'en remets une couche et ça continue !

Lors des élections municipales, la liste d'opposition à celle de M. Perrimond, Maire en place, se mit de mon côté. Nous décidâmes d'écrire un petit journal gratuit et puisque celui du maire était « *Le trait d'union* », le nôtre s'appela « *Le trait de désunion* » !

Je peux vous assurer qu'il eut un vif succès : même la gendarmerie venait chercher son numéro au restaurant.

Bien que j'habite Andon depuis plus de six mois, officiellement je n'étais qu'un inconnu ! Pas de quittance de loyer, de facture d'eau ou d'électricité, rien qui puisse prouver ma présence officielle sur cette commune. Mon associé fit couper le courant du restaurant. Il en avait le droit, étant officiellement le seul propriétaire ! Je fis constater la chose par les gendarmes en leur assurant que j'allais rétablir ce précieux courant.

Nous étions en hiver. Plus d'argent pour subvenir à nos besoins, plus d'eau, plus d'électricité. À y réfléchir, je pense que c'est dans ces moments-là que je me sens indestructible – de toute façon, quand on est au fond du trou, la seule chose qui reste à faire, c'est de remonter !

Allais-je, une fois de plus, devoir reprendre mes coupables activités ? Allais-je me laisser aller au désespoir et recommencer mes conneries ? La situation devenait critique, mais je résistais à la tentation de recommencer à repartir dans de sombres histoires...

Je rétablis le courant en prenant la précaution de relever les chiffres du compteur au cas où il faudrait un jour régulariser. En apprenant la chose, le maire fit couper la ligne au niveau du transformateur, ce qui n'était pas légal : en effet, la ligne qui desservait le Clos d'Alary alimentait également deux lampadaires publics.

Le camp adverse me prêta un groupe électrogène, et se cotisa pour m'apporter des vivres. On se serait cru à Clochemerle. Le journal était diffusé à plus de 500 exemplaires, et je ne prenais pas de gants pour rédiger les articles dans lesquels je me défendais...

Les gendarmes étaient au courant de ce qui se passait et comprenaient mon désarroi, mais légalement ils ne pouvaient rien faire, ce n'était pas de leur ressort... Je pris donc la décision que ça le devienne en précipitant les opérations.

C'est ainsi qu'un beau matin, je montai à l'assaut de la forteresse, à savoir le bureau du maire. Sachant que mon associé était dans son bureau, je fis irruption dans la pièce sans même prendre le soin de frapper ou de m'annoncer. M. Perrimond fit l'étonné, prétendant ne pas me connaître, alors que deux mois plus tôt, il mangeait gratuitement à ma table. Cette attitude eut le don de m'exaspérer, et j'explosai :

— Vous êtes deux beaux enfoirés ! SI vous êtes des hommes, je vous attends dehors !

Bien entendu, personne ne sortit. Je m'installai donc avec mon épouse et mon dernier-né, Christophe, devant la mairie, dans la neige. Les deux grands étant restés au restaurant.

Sur un grand panneau en contreplaqué, j'avais écrit : « *Plus d'eau, plus d'électricité, plus d'argent ! Votez Perrimond !* »

Pendant ce temps, le camp adverse téléphonait à FR3 pour prévenir les journalistes du scandale qui se jouait au sein du petit village d'Andon, dans les Alpes-Maritimes. Mon malheur faisait leur bonheur. Un maire qui laisse une famille à la rue en plein hiver, quelle honte ! Une telle histoire arrangeait bien l'opposition : en politique, tous les coups sont bons ! FR3 téléphona à la mairie pour savoir ce qu'il se passait et bien entendu, c'est le maire qui répondit en calmant le jeu.

Je fus mis au courant. Puisque ça ne bougeait pas, on allait passer aux grands moyens ! Je retournai en vitesse au restaurant, laissant ma femme et mon fils devant la porte de la mairie. Armé d'un fusil de chasse et quelques cartouches en poche, je repris ma place en criant : « Si vous êtes des hommes, sortez, bande d'enfoirés ! »

J'avais peut-être l'air complètement fada, mais j'étais en réalité on ne peut plus lucide : je voulais simplement que le bon Perrimond prenne une veste aux élections et que le restaurant que j'avais monté de mes mains coule corps et biens.

Bien évidemment, le maire ne s'avisa pas de sortir, mais fit appel à la gendarmerie. J'étais bloqué dans ma voiture, armé jusqu'aux dents. Les gendarmes n'avaient pas le beau rôle puisqu'ils savaient bien que, dans le fond, je n'avais pas tort, mais ils devaient faire leur boulot, ce qu'ils firent sans empressement.

Je n'en jurerais pas, mais la situation n'était peut-être pas pour leur déplaire, car M. le maire n'était pas très apprécié de la gendarmerie. Quoi qu'il en soit, après deux heures de palabres sans que ces messieurs de la gendarmerie bousculent les choses, j'acceptais ma reddition !

Tout le monde fut emmené au poste pour y être entendu, ce qui donna lieu à des débats longs et animés. Le procureur de Grasse fut mis au courant de l'affaire en raison des menaces de mort que j'avais proférées à l'encontre du maire, mais je fus laissé en liberté grâce au commandant de gendarmerie, dont le récit des faits ne m'était pas complètement défavorable.

Évidemment, nous ne fûmes pas relâchés en même temps. Mieux vaut prévenir que courir !

Convoqué en justice beaucoup plus tard, notre cher maire continua à prétendre ne pas me connaître. Pour ma part, je fus condamné à six mois de prison avec sursis et 5 000 francs d'amende : on ne menace pas un maire impunément...

Cette peine était très spéciale pour moi : d'une part, je bénéficiais du sursis pour la première fois de ma vie, d'autre part, ce fut ma toute dernière condamnation...

Deux mois après ce verdict, M. Perrimond décédait des suites d'une longue maladie.

Que Dieu le pardonne. Amen !

Ganagobie Village

Après une multitude de petits boulots par-ci, par-là, c'est en 1992 que ma situation commença vraiment à changer, lorsque je fus engagé comme responsable régional du Syndicat des Indépendants (SDI).

Ce travail me permit de me défouler un peu, puisque je défendais des artisans contre les innombrables charges et injustices qui les font succomber.

Que l'État ne paie pas ses cotisations, c'est normal...

Savez-vous ce que l'État doit à l'URSSAF ?

Mais qu'un artisan ait un peu de retard dans le règlement des siennes, c'est très grave !

Une fois de plus, je passais dans les journaux, mais pour la bonne cause cette fois : je défendais les opprimés !

Aujourd'hui et depuis près de trente ans, j'habite à Ganagobie, un charmant village des Alpes-de-Haute-Provence. Avant que de mauvaises langues aillent rapporter mes états de service à Mme le maire, j'ai préféré lui révéler moi-même en quelques mots ma jeunesse quelque peu tumultueuse, et cette femme qu'était Mme Aurric n'en a pas tenu compte !

Elle aurait même aimé m'avoir sur sa liste, mais j'étais toujours interdit de droits civiques. Cherchez l'erreur !

Après plus de vingt-cinq ans sans condamnation, j'ai demandé une réhabilitation qui me fut accordée grâce à l'aide de Mme Aurric. J'ai donc un magnifique casier judiciaire vierge, mais il m'est toujours interdit de voter…

Si j'étais un homme politique, je pourrais redevenir éligible deux ans après avoir été privé de mes droits civiques, ce qui montre bien qu'il y a deux poids, deux mesures. En revanche, j'ai pu passer mon permis de chasse : on me donne le droit de tuer, mais pas celui de voter !

Épilogue

Voilà, j'arrive au terme de mon récit.

C'est volontairement que j'ai évité un tas de détails qui font la longueur d'un livre, évité autant que j'ai pu d'indiquer trop précisément les lieux et les circonstances, évité de vous ennuyer avec des détails qui me paraissent inutiles afin de permettre à ceux qui me liront d'aller à l'essentiel.

C'est de mes états d'âme que j'ai voulu parler, et pas du lierre qui grimpait le long de ma maison à Beaune, ni de la couleur de mes voitures ou de la longueur de la jupe de ma femme...

Je n'espère pas faire changer le monde, j'y ai renoncé. Tout ce dont je veux espérer, c'est que la mentalité de nos gouvernants évolue, on peut toujours rêver ! Qu'ils prennent enfin conscience que ce n'est pas en pratiquant la politique qu'ils ont toujours pratiquée que les choses changeront, au contraire !

Mais... ne le savent-ils pas déjà ?

Si ce livre pouvait amener les jeunes délinquants à réfléchir et leur faisant comprendre qu'il ne faut surtout pas faire ce que j'ai fait, alors j'en tirerais une certaine fierté. Je peux leur certifier que ce n'est pas en jouant aux caïds qu'on devient un homme.

C'est également en conscience que j'ai écrit avec les mots qui étaient les miens à une certaine époque afin de vous plonger dans un monde où la courtoisie et la politesse n'étaient pas de mise...

J'ai quand même parfois un peu adouci certains de mes propos, afin que ce livre ne soit pas qu'un torrent d'insultes envers la société.

J'espère ne pas trop heurter mes lecteurs, mais j'espère également leur avoir fait entrevoir une certaine vérité.

Parfois, un électrochoc peut être salvateur !

C'est après bien des hésitations que je me suis enfin décidé à éditer ce court récit de la vie qui fut la mienne. Toutes les personnes qui l'ont lu jusqu'à présent m'ont incité à le publier. On m'a même dit que ce bouquin devrait être distribué dans les écoles !

On ne va peut-être pas aller jusque-là, mais il faut reconnaître que, s'ils voulaient bien m'écouter, j'aurais de nombreuses idées et propositions à soumettre aux ministres de la Justice et de l'Intérieur…

Terminons par un poème. Un poème que je dédie à toutes les mamans du monde et en particulier à celle qui m'a donné la vie, et qui m'a tant manqué...

Maman, maman...

Après tous les babils de l'être qui est né,

Quel est le mot charmant qui pendant des années,

Aux lèvres de l'enfant, en douce mélodie,

Viendra calmer sa peur par un nom ennobli ?

Maman, maman...

Combien pendant la guerre, cette douce parole,

A été prononcée pour que l'âme s'envole,

Vers celle qui jamais ne reverra vivant,

Celui qui dans les champs, expire en disant :

Maman, maman...

Et l'être prisonnier de l'austère cellule,

Qui aura pour amis les cafards qui pullulent,

N'aurait-il pas le droit, le soir en s'endormant,

De pleurer un instant et de dire en rêvant :

Maman, maman...

Mais aussi quand la Mère par son âge engourdie,

Devra quitter la terre où elle nous a chéris,

Dans un dernier soupir elle s'écrira : Maman !

Et nous répéterons, Ô tristesse pleurant :

Maman Ô Maman...

J'ai écrit ce poème à 19 ans et demi, lorsque j'étais incarcéré à la centrale de Bochuz.

Le temps a passé, la roue a tourné. À présent, je fréquente du beau monde et je ne m'en plains pas, au contraire. Je ne fais plus de « bêtises », par contre... je me marre, comme disait Coluche !

Je veux croire en l'homme, croire que chez lui tout n'est pas foncièrement mauvais, même si les circonstances nous font parfois penser le contraire... et même s'il ne m'est pas facile d'être optimiste en ce moment où, après avoir connu une longue période sans emploi en raison de mon âge, je me retrouve à la retraite avec une pension de misère... Vive la France !

Enfin, c'est comme ça, et si j'ai souvent été privé d'amour et de liberté dans ma vie, comme le chante si bien Florent Pagny, vous ne m'enlèverez jamais... ma liberté de penser !

J'ai achevé une première version de ce livre en 2005 et, au moment où j'écris ces lignes, nous sommes en décembre 2022 : dix-sept ans déjà !

Depuis tout ce temps, où en sommes-nous ? En fait, bien des choses n'ont pas changé. Je dirais même que ce livre est toujours d'une actualité brûlante !

Toujours les mêmes questions sur les conditions carcérales. Certes, il y a eu des améliorations au niveau des conditions de vie, mais rien en ce qui concerne le suivi des êtres humains ! Qu'en est-il de la réinsertion des pauvres bougres qui ont pris un mauvais départ dans la vie ?

Le système ne changera pas, car personne ne veut qu'il change ! Il faut qu'il continue à y avoir des taulards... C'est bon pour les stats !

Plus nos dirigeants nous laisseront croire que tout est mis en œuvre pour stopper l'hémorragie de la délinquance, plus nous voterons pour ces bienfaiteurs censés régler le problème.

En réalité, si la police est incapable d'entrer dans certaines cités pour y faire régner l'ordre, c'est que ça doit arranger bien du monde... il faut préserver la paix sociale, comme ils disent...

Il y aurait beaucoup à dire à ce sujet, mais il faudrait pour cela écrire un autre livre !

Imprimé en Allemagne
Achevé d'imprimer en novembre 2022
Dépôt légal : novembre 2022

Pour

Le Lys Bleu Éditions
40, rue du Louvre
75001 Paris